ETUDE

SUR LES

RÉPUBLIQUES ANCIENNES

ET SUR LES

RÉPUBLIQUES MODERNES

Par M. CHAUVET

REIMS

Imprimerie E. BUGG, rue Notre-Dame, 4.

—

1880

ETUDE

RÉPUBLIQUES ANCIENNES

ET SUR LES

RÉPUBLIQUES MODERNES

Par M. CHAUVET

ETUDE

SUR LES

RÉPUBLIQUES ANCIENNES

ET SUR

LES RÉPUBLIQUES MODERNES

Par M. CHAUVET.

Montesquieu a dit : « Ne cherchez pas le meilleur gou-
» vernement; vous ne le trouveriez pas. Cherchez le moins
» mauvais. » Parole vraie en tout temps et sous toutes
les latitudes.

Mais M. Thiers était d'un avis opposé. Il a dit à l'Assemblée constituante de 1848 : La République est le gouvernement qui nous divise le moins. C'était une parole de
circonstance, contraire à son opinion écrite, et non un
axiome indiscutable, auquel les événements actuels donnent un démenti.

D'autres ont dit que la République découlait d'un principe antérieur et supérieur à tous autres principes ; d'où
la conséquence que cette forme de gouvernement, malgré
les vicissitudes des temps, était et devait rester la pierre
angulaire de l'édifice social. C'était, a-t-on dit, de droit
divin. C'est une idée empruntée aux légitimistes, mais non
acceptée par le plus grand nombre.

Passons à quelque chose de plus sérieux.

Toute société a le droit, le pouvoir et le devoir de se
gouverner comme elle l'entend, au mieux et dans l'intérêt
de tous, sans exception. Personne, je pense, ne me con-
tredira.

Est-il vrai que l'idée de république soit tout d'abord venue à l'esprit de l'homme et ait été adoptée par lui comme plus propre à lui assurer la tranquillité et le bonheur? Non.

Si l'on consulte le plus ancien livre connu en Europe, et que les Israélites conservent précieusement, on voit que cette nation, qui a changé quatre fois la forme de son gouvernement, ne connaissait pas la République.

Plus tard, des peuples ont adopté ce régime après avoir passé par la royauté.

En Grèce, il y avait tout à la fois des rois, des tyrans (qualification disparue) et des républiques.

Qui croirait que dans ce petit pays, illustré plus que tout autre par ses statuaires, ses poètes, ses historiens, ses sages, on n'est pas parvenu à s'entendre sur la forme du gouvernement? On y comptait plus de sept cents républiques! Ah! c'est qu'il y avait là des rhéteurs (1)! La race n'en est pas perdue : on la retrouve sous la robe des avocats, auxquels s'adjoignent d'autres ambitieux, dont l'unique souci et dont la seule ressource sont de faire des révolutions, afin d'escalader d'emblée le pouvoir, sans études, sans préparations, pour y jouir du bien-être des hautes positions, à la barbe de leurs naïfs complices restés pauvres et ignorés.

La République de Sparte avait à sa tête deux rois héréditaires. Ce qui prouve que le titre donné au chef de l'Etat est indifférent au peuple, si celui-ci jouit d'institutions en harmonie avec ses mœurs.

A Rome, la royauté naît d'abord, et la République, qui surgit d'un fait privé, la remplace. Le fils de Tarquin, en violant Lucrèce, excita le peuple à abandonner la monarchie. Là, comme toujours, les ambitieux ont exploité à leur profit les colères soulevées par un fait d'une toute autre nature que la politique. Et c'est ainsi, qu'après deux cents ans de ce régime, le dernier roi paya de sa couronne le crime de son fils. Mais la royauté n'était pas pour cela

---

(1) Mummius avait la plus grande haine contre les rhéteurs.

méprisée. Une des causes de la prospérité de Rome, à cette époque, observe Montesquieu, c'est que ses rois furent tous de grands personnages. On ne trouve point ailleurs, dit-il, dans les histoires, une suite non interrompue de tels hommes d'Etat et de tels capitaines.

La République ayant à pourvoir aux besoins d'un peuple renfermé dans ses murailles, sans commerce et presque sans art, était toujours en guerre, afin de pouvoir satisfaire ses plaintes et ses demandes. Puis, l'ambition aidant, les plus hardis s'emparèrent des places et cherchèrent à s'y maintenir par des conquêtes et des victoires. Cette République eût tantôt des consuls, quelquefois un dictateur revêtu d'un pouvoir absolu, puis des empereurs qui eurent, par la suite, le nom synonymique de César.

Mais, chose étonnante, chez ce peuple si fier, la population admettait des castes : il y avait les patriciens qui formaient le Sénat, et les plébéiens qui composaient le peuple, dont les cris séditieux et les révoltes sanglantes ont mis plus d'une fois la patrie en danger. Douze Césars en furent les chefs pendant un certain nombre d'années, et la durée de l'Empire romain fut de quatorze siècles.

Si on en croit Cicéron, la République démocratique présente plus d'inconvénients que les autres formes de gouvernement. Et les historiens de cette époque font le plus triste tableau des mœurs républicaines, parce que, au lieu d'être fondées sur le vrai patriotisme, elles n'avaient pour mobile que l'ambition du pouvoir suprême, l'orgueil et la soif de l'or ; ce qui a fait porter à Cicéron ce cri d'indignation et de douleur : « Il n'y a plus de Ré- » publique ; il n'y a plus de Sénat ; il n'y a plus de tribu- » naux ; il n'y a plus de mœurs ; tout est perdu ! » Il ajoute : « J'ai demandé à Curion ce qu'il pensait de l'a- » venir. Il m'a nettement répondu qu'aucune République » n'était possible. »

Du temps de l'empire français et depuis sa chute, on a vu les Jules Favre écumants de fureur à l'idée du césarisme ; ils savaient très bien qu'ils trompaient le public, parce que la République romaine a vu d'aussi mauvais jours sous les consuls et les décemvirs que sous d'autres chefs d'Etat. En effet, l'Etat, agité par les brigues des ambitieux, par les largesses des riches factieux, par la vénalité des pauvres oiseux, par l'empirisme des orateurs, par l'audace des hommes pervers, par la faiblesse des hommes vertueux, fut travaillé de tous les inconvénients de la démocratie.

S'il y a eu de mauvais empereurs, on peut leur opposer les Auguste, les Trajan, les Adrien, les Marc Aurèle, les Constantin, les Théodore, les Justinien, les Héraldus, les Alexis Commène, dont les règnes furent éclatants et firent le bonheur du peuple, et auxquels la démocratie ne peut opposer que des esprits inférieurs : l'histoire à la main, on peut affirmer que la république des rois et des empereurs fut plus tranquille et plus heureuse que celle des ambitieux revêtus de titres différents.

Les pédagogues, mal instruits de l'histoire romaine, tonnent avec force contre Jules César, à l'occasion de la victoire qu'il a remportée sur Pompée, son compétiteur, et le présentent comme ayant égorgé la République. Mais ils oublient de dire, et les utiles améliorations qu'il a faites, et son excessive bonté. Au nombre des prisonniers qu'il avait faits, et auxquels il fit grâce de la vie, se trouvait Brutus ; et cet homme a tué César ! — Cicéron, qui n'avait aucun intérêt à le ménager, a dit de lui : « On » a tué un grand homme, dont la mort a désorganisé » l'Etat, et qui a péché par la clémence. S'il avait été » moins bon, il serait vivant. »

Si nous allons à Venise, nous y verrons une République oligarchique, c'est-à-dire le pouvoir absolu de quelques personnages, dont l'affreuse politique fit couler bien des larmes !

Il n'est pas nécessaire d'aller en Suisse pour voir ce qui se passe dans cette confédération de petits cantons, tous indépendants les uns des autres ; on le sait sans le vouloir. Du temps de Voltaire, les choses n'allaient pas

mieux. Cet auteur a écrit : « Vous ne sauriez croire
» combien cette République me fait aimer les monar-
» chies. »

On voit, par les exemples historiques que je viens de
citer, que jadis la République était une fort bonne fille :
elle s'accommodait de tout. Aujourd'hui, chez nous, elle
a tant d'amants *diversement* épris de ses charmes, qu'on
ne sait quel est celui qui est le plus fortuné d'entre eux.

Pendant ces temps éloignés de nous, notre pays, qui
fut celui des Gaulois et des Francs, se forma, s'organisa,
s'agrandit, et devint, sous ses meilleurs rois, une puissance si grande et si forte qu'elle dominait sur toutes
les autres.

Mais, au siècle dernier, un grave événement survint en
Amérique, qui eut son contre-coup en France. A l'occasion d'un impôt que les Anglais voulaient établir sur le
thé, les Yankees se soulevèrent contre la domination
étrangère, et, après des luttes de plusieurs années, auxquelles les troupes françaises concourent, une partie de
l'Amérique fut soustraite à la puissance anglaise, et on
put dire, alors, ce que Napoléon Ier a dit lors de sa chute,
que les plus graves événements ont des causes inconnues.

Un arpenteur, Washington, s'empara de la direction
des affaires, forma une confédération des provinces, et
dressa une Constitution que le peuple approuva. Son
œuvre paraissait admirable à beaucoup de Français.
Cependant, au dire d'un grand homme d'Etat de la per-
fide Albion, cette Constitution ne doit pas être d'une longue durée. La prophétie du ministre anglais ne serait-elle
pas à la veille de se réaliser ? La guerre civile, fratricide
d'il y a quelques années, prouve un désaccord d'opinions
ou d'intérêts entre les habitants du Nord et ceux du Sud.
Puis la division, qui fait des uns des républicains, et des
autres des démocrates, démontre clairement que, là-bas,
il y a une profonde scission dont le dénoûment est
proche.

Cette révolution dans le nouveau monde enflamma
quelques esprits jeunes, actifs, entreprenants, et fit d'une

étincelle éclater un vaste incendie en France. M. Thiers (*Histoire de la Révolution*, p. 134) dit que personne jusqu'en 1790 ne songeait à la République, et que son nom n'avait jamais été prononcé. Du reste, Louis XVI procura aux novateurs l'occasion de développer leurs idées, en traçant lui-même un programme général de réformes destinées à concilier tous les intérêts. Mais la tâche était immense et au-dessus des forces ordinaires. Il aurait fallu qu'un homme de génie se trouvât tout prêt pour mener à bonne fin l'entreprise dont le plan était tracé par le roi. La suite, on la connaît : une monarchie quatorze fois séculaire fut engloutie dans la tombe d'un roi, par des députés sans mandat spécial, et ne formant guère que la moitié de la représentation nationale. Une effroyable tempête se déchaîna, emportant toutes nos institutions et couvrant le sol de crimes sans nombre : vols, pillages, spoliations, terreur sanglante, confiscations frappant 40,000 familles, bannissement, guerres, appauvrissement général et désordres partout. C'est ce qui a fait dire à M. Thiers que « la République finit toujours dans le sang ou dans l'imbécilité. » Mais cet historien n'était pas encore devenu chef d'Etat !

Volney, voyant que la liberté dégénérait en licence, et que l'anarchie versait sur la France ses poisons destructeurs, ne craignit pas de braver les hommes de 93, en leur reprochant leurs forfaits journaliers.

Un jeune général, couvert de gloire et de lauriers, vint tout réparer. Il balaya ce misérable gouvernement sous lequel les Français gémissaient. C'était, il est vrai, un coup d'Etat. Mais quelle que soit l'opinion qu'on se forme sur ce sujet, il faut qu'on sache bien : d'une part, que les farouches républicains renversés furent les premiers et les plus nombreux courtisans du nouveau gouvernement, auxquels, en bon prince qu'il était, il accorda des places ; d'autre part, que cet acte extraordinaire a valu à la France de nombreux bienfaits réparateurs.

En effet, Bonaparte, 1er consul, fit adopter par ses collègues les résolutions suivantes :

Les lois des otages et de l'emprunt forcé furent abolies.

La France rouvrit ses portes aux exilés, sans distinction et sans condition. Ils étaient 126,000, savoir :

24.000 prêtres,
 8.000 nobles militaires,
16.000 nobles non militaires,
   404 anciens membres des Parlements,
 2.867 avocats ou hommes de loi,
   230 banquiers,
 7.800 négociants,
   324 notaires,
   528 médecins,
   540 chirurgiens,
 9.040 propriétaires,
 3.268 laboureurs ou cultivateurs,
 2.000 marins nobles,
 9.000 femmes nobles,
 4.428 religieuses,
22.729 artisans,
 2.800 domestiques,
 3.083 enfants des deux sexes !

Les naufragés de Calais, parmi lesquels on comptait le duc de Choiseul, tous ennemis de la Révolution, et qu'une tempête avait jetés sur les côtes de France, retenus prisonniers depuis quatre ans, contre tous les principes de justice et d'humanité, eurent également leur liberté.

Il en fut de même pour les otages retenus au Temple.

Les prêtres purent rentrer dans leur pays, et on mit à leur disposition les temples qui restaient.

Le serment de haine à la royauté fut aboli, et on proscrivit la fête du 21 janvier, que Bonaparte appelait un jour de calamité nationale, une fête sacrilége, un usage immoral et injurieux à la cendre des morts.

Enfin, la Constitution était fondée sur les vrais principes du gouvernement représentatif, sur les droits sacrés de la propriété, de l'égalité, de la liberté ; et les pouvoirs qu'elle instituait garantissaient les droits des citoyens et les intérêts de l'Etat. Quand les républicains en feront autant, ils pourront compter obtenir l'absolution plénière.

Volney, quoique amant passionné de la liberté, seconda de tous ses efforts le 18 Brumaire, convaincu qu'il était que la liberté allait périr sous les coups de l'anarchie.

Ce n'est pas tout. En quatre années, Bonaparte fit faire le code civil, suivi du code de procédure, du code de commerce, du code d'instruction criminelle et du code pénal. Notre législation est un chef-d'œuvre qui sert de guide aux autres nations. Les républicains pourront la défaire, mais ils sont incapables de l'améliorer.

Si, plus tard, Bonaparte s'est mis sur la tête la couronne impériale, il l'a fait du consentement de la nation, et il n'a pas pour cela détruit la République, comme on se plaît à le dire ; non. L'article 1er de la Constitution le prouve, et *même les pièces de monnaie*. C'était le système romain, avec de plus fortes garanties : car dit empereur dit *chef ou commandant d'armée* ; rien de plus. Se défendant, un jour, d'avoir usurpé une couronne, Napoléon dit : « Je l'ai relevée dans le ruisseau, le peuple me l'a » placée sur la tête ; je me suis assis sur un trône vide. » On peut ajouter avec le pape Zacharie : « Celui-là est roi, qui en a la puissance. »

A ce régime succéda la restauration des Bourbons, dont le gouvernement était le plus libéral qui fut jamais. On en a pour preuve la législation de cette époque, qui ne suffirait pas aux gouvernants de nos jours.

Puis survint la révolution de 1830. Des voix se firent entendre en faveur de la République ; mais Lafayette, dont on connaissait les attaches avec la branche cadette, présenta aux révolutionnaires, sur le balcon de l'Hôtel-de-Ville, son protégé, le duc d'Orléans, en disant : « Voici la meilleure des Républiques » ; et on eut alors une royauté bourgeoise, avec un roi-citoyen. On n'y gagnait pas grand'chose !

Arrivons maintenant à la révolution de 1848, qui, on le sait, est due à l'imprudence d'esprits désireux de jouir du droit électoral : je veux parler de *l'adjonction des capacités.* Le succès a dépassé leurs espérances. Je l'avoue, j'étais du nombre de ceux qui assistaient au banquet du jardin Besnard. Je ne le regrette pas, j'étais en bonne compagnie.

On voit, par les révolutions de 1830 et de 1848, que ce n'est pas seulement la foule qui se trompe, mais bien les intelligences d'élite qui, par leur desaccord, font plus de mal.

Que nous a donné la République fondée sur les barricades ?—Le suffrage universel, inhérent au gouvernement républicain, aujourd'hui limité, mais que nos pères d'il y a trois ou quatre siècles pratiquaient plus largement que nous ;—l'envahissement du palais législatif, au 15 mai ;— les trois sanglantes journées de juin, qui ont provoqué une loi, faite en une heure, en vertu de laquelle le gouvernement était autorisé à déporter, sans jugement, sur la simple constatation de leur identité, les individus surpris les armes à la main (on voit que lorsqu'ils s'y mettent, les républicains n'y vont pas de main morte) ; — et le plus complet désarroi dans l'Assemblée et dans les sphères gouvernementales. Nonobstant un état de choses aussi affligeant, M. Thiers osait dire : « Fondons la République! » Ah! c'est que M. Thiers était un habile homme : il avait la prescience de l'avenir ! Mais Proud'hon, lui, n'en augurait rien de bon ; dans l'un de ses livres, dont on se délectait alors, il s'écriait: « Les républicains ? tas de blagueurs. » Ah ! profond physionomiste, ta parole est toujours vraie.

On sait que le prince Louis-Napoléon, président de la République, a cru devoir mettre fin à l'anarchie qui régnait au sein de l'Assemblée législative, et faire avorter le dessein qu'avait conçu la majorité de s'emparer de sa personne, en faisant un coup d'Etat, le 2 décembre 1851. Je n'ai pas à m'expliquer sur ce fait, si ce n'est qu'il m'a profondément troublé, parce que je déteste la violence. Mais il est un homme considérable dans le parti républicain, alors persécuté, qui n'en a pas médit, au contraire. J. Favre disait au Corps législatif, le 12 avril 1865 :

« Il faut constater ce grand événement que le prince.,
» qui se trouvait alors maître des destinées de la France,
» n'a pas imité l'exemple d'autres monarques victorieux.
» Ce n'est pas à la fortune, quelque grande qu'elle fût,
» qu'il a demandé la légitimité de son pouvoir, c'est au
» peuple. Alors qu'il était maître de tout, il a voulu
» n'être maître de rien. Il a pour ainsi dire abdiqué en
» face du principe, devant lequel, comme base, le pre-
» mier article que nous rencontrons est la souveraineté
» du peuple, et, avec celle-ci, comme conséquence néces-
» saire, la consécration ou plutôt la restauration du suf-
» frage universel. Ce grand acte est marqué d'un carac-
» tère tellement lumineux, que je m'étonne qu'on puisse
» ne pas apercevoir que la révolution dont je parle a été
« dirigée, non pas contre les amants exagérés de la li-
» berté, mais contre ceux au contraire qui voulaient la
» mener en arrière. Cela est si vrai que cette révolution a
» pris pour symbole,—et il ne peut pas y en avoir de plus
» éclatant après la souveraineté du peuple,—la liberté élec-
» torale représentée par l'anéantissement de la loi du
» 31 mai, qui l'avait limitée. »

Enfin, nous arrivons à la révolution de 1870, faite en
face de l'ennemi, et qui a eu pour prétexte des désastres
foudroyants; et la République est fondée. Cependant, les
républicains ne sont pas tous d'accord : une première
fois, le 30 octobre, une révolte éclate, et les membres du
gouvernement provisoire sont arrêtés et maltraités, à l'exception de M. Ernest Picard, qui s'échappa et alla sonner
l'alarme. La garde nationale vint rétablir l'ordre.

Que dire du gouvernement improvisé, sinon qu'il dé-
passa les limites de l'incurie, de l'incapacité, de l'outre-
cuidance, tant à Paris qu'ailleurs? La défense de la capitale, au dire de Trochu, était impossible; M. Thiers l'a
dit également. Et, cependant, il y avait là 127,000 soldats
de troupe de ligne et 13,000 marins, contre 250,000 Allemands répartis sur une étendue circulaire de quatorze
lieues. Pourquoi prolonger une lutte inégale, quand elle a
pour résultat de faire périr par le froid, par la faim, par

les fatigues et par la mitraille, près d'un million d'individus des deux sexes? (1)

Mais, en opposition à un si douloureux spectacle, on
voit l'armée de l'Est faire des prodiges : en un mois
(4 août au 4 septembre), elle a mis hors de combat
71,057 Allemands (2), fait rare dans notre histoire. Dieu
veuille qu'un jour (qui n'est peut-être pas éloigné, vu les
armements toujours croissants des Etats monarchiques)
l'armée républicaine prouve sa vaillance en obtenant des
succès semblables à ceux de l'armée impériale, si insul-
tée dans la personne de ses chefs !

D'ailleurs, les chefs improvisés de la République étaient-
ils les fils de ces fiers Romains, qui ne faisaient jamais la
paix lorsqu'ils étaient vaincus ? Etaient-ils tout au moins
capables d'imiter les Gaulois, nos ancêtres, qui ont com-
battu pendant un siècle contre les plus fortes armées de
l'Univers ? Non, non. C'étaient des avocats, des journa-
listes, aux mains desquels le malheur du temps avait
laissé les destinées de notre pays. Ces hommes enfin
avaient l'orgueilleuse présomption de commander à nos
généraux et de leur ordonner de vaincre. (*Voir leur cor-
respondance.*)

Et il est difficile de contenir son indignation contre de
tels hommes, quand on songe que l'immense hécatombe
qui a décimé tant de familles, pouvait être évitée sans
que notre orgueil en souffrît ! Le 19 septembre 1870, alors
que Paris était investi, Bismarck ne demandait que la
ville de Strasbourg et deux milliards. On a refusé la paix
à ce prix, et, plus tard, l'ennemi nous a imposé de plus
dures conditions. Les gouvernants d'un jour, n'ayant
d'autre titre à la confiance de la nation que leur haine
contre l'Empire tombé, avaient besoin de continuer la
lutte afin de pouvoir satisfaire leurs convoitises, et on

---

(1) 207,000 tués ou blessés; 339,000 malades ou congelés; 135,000 décès
civils causés par la guerre.

(2) Officiers et soldats tués, 16,690.
Officiers et soldats blessés, 50,004.
Officiers et soldats disparus, 4,357.

sait quels en furent les tristes résultats. Ils sont cause que l'occupation étrangère couvrit plus d'un tiers du pays, que la France dut payer trois milliards de plus, et qu'elle perdit plusieurs milliers de ses enfants, sur le sort desquels ceux qui les ont livrés versèrent des larmes hypocrites. (*Voir le Journal d'Ernest Picard.*)

Ils ont oublié d'informer l'armée de Bourbaki qu'elle était exceptée de l'armistice, et cette armée, surprise par les Allemands, a été poursuivie en désordre sur le territoire suisse.

Ils ont gaspillé les finances, sans contrôle, et leurs comptes se soldent par un déficit de plus de 250 millions justifié. Quelle curée ! O ! honte ! je ne croyais pas que tu pouvais aller jusque-là !

Ce n'est pas tout. Une seconde insurrection, que le gouvernement provisoire n'avait su ni prévoir ni empêcher, éclata, et fit voir aux Parisiens et à l'Europe épouvantés, ce que peuvent produire les passions démagogiques soulevées par les ambitieux non parvenus et non satisfaits.

Enfin, une Constitution républicaine est donnée à la France par une coalition des républicains avec les orléanistes, auxquels s'étaient joints quelques légitimistes et même des bonapartistes,—et qui, peu de temps après, était attaquée par ses auteurs.

Que conclure des événements de l'histoire ancienne, comme de ceux que nous offre l'histoire moderne actuelle? Que la République est un mauvais régime et doit être proscrite? Non! Il faut lui appliquer ce que Esope disait de la langue : la République sera bonne ou mauvaise, non pas de sa nature propre, mais selon l'intelligence et la valeur des hommes appelés à la gouverner.

M. Dufaure disait, à la tribune de l'Assemblée nationale, que cette forme de gouvernement était antipathique aux Français, et que son nom seul effrayait. Cela est vrai, surtout quand on connaît les projets insensés, monstrueux de ceux qui passent pour être les chefs du mouvement, et de leurs satellites, et la crédulité des naïfs qui vont jusqu'à admirer leurs plus grosses sottises.

Quel doit donc être le fondement d'une République démocratique ? Est-ce la vertu chez le chef de l'Etat ? Non.

La vertu, nécessaire à l'homme dans sa condition privée, n'est pas indispensable dans le gouvernement. Elle peut même être nuisible, si le chef de l'Etat est trop débonnaire et ne sait pas user de la force nécessaire pour garantir le respect des lois. En effet, l'administration doit s'occuper avant tout des intérêts matériels, des besoins généraux de toute nature, qui sont soumis à des règles dictées par un esprit de justice universelle. Cela est d'autant plus vrai lorsque le chef de l'Etat a à compter avec les passions contradictoires des assemblées délibérantes et à déjouer leurs complots ; dans ce cas, un Fouché conviendrait mieux. C'est cette pensée qu'exprimait un prévôt des marchands de Paris à Henri IV : « Sire, lui dit-il, on conduit les Français avec une main de fer dans un gant de velours. » Ah ! si la vertu était un moyen de gouvernement, Louis XVI est sauvé, et sa couronne, et sa tête.

Est-il vrai, au moins, de dire, après des esprits d'élite, entre autres Platon, que la République n'appartient qu'aux peuples neufs ou vertueux ? Non. Où trouverait-on des peuples vertueux ? Il n'y en eut jamais : la Bible en fait foi. Si cette proposition était exacte, il faudrait renoncer à cette forme de gouvernement pour revenir à la monarchie, qui conviendrait mieux aux peuples usés et corrompus.

Abandonnons cette utopie, et n'ayons pas pour elle plus d'égards que pour cette facétie d'un ancien qui n'a jamais mieux parlé du bonheur de la pauvreté que lorsqu'il était parvenu au comble de toutes les jouissances de la vie ; et arrivons à quelque chose de plus sérieux dans un siècle qui l'est si peu.

La République, qu'on a tant de peine à définir lorsqu'on cherche des modèles chez les anciens, doit, de nos jours, être le gouvernement du peuple par le peuple. Son seul et

unique fondement est la souveraineté du peuple ; et qui
dit souveraineté, dit pouvoir entier, absolu. Hors de là, il
n'y a plus que la fiction, et la fiction est toujours un mensonge.

Or, la souveraineté s'exerce directement pour la constitution politique de l'Etat. Nulle entrave ne doit paralyser
l'expression des vœux de la nation.

Jean-Jacques Rousseau disait : « Dès l'instant qu'un
» peuple se donne des représentants, il n'est plus libre :
» il n'est plus. »

Cet axiome est d'une grande justesse lorsqu'il s'agit de
fonder un gouvernement et de conférer les hautes di-
gnités de l'Etat. C'est ce qui a lieu en Amérique et en
Suisse ; c'est ce que nous avons vu pour les deux Em-
pires. Les mandataires ne sont pas nécessaires dans ce
cas ; ils ne sont utiles que pour la confection ou la révision des lois de second ordre.

Je sais bien que les républicains n'aiment pas les plé-
biscites ; ils en ont peur. Ils disent que le peuple n'est
pas assez instruit pour cela. Ce n'est pas flatteur. C'est
peut-être vrai pour une certaine classe de citoyens, dont
les candidats à la députation briguent particulièrement
les voix ; mais *pour les autres,* c'est faux, et je suis de ce
nombre.

Ah ! il y a un auteur du siècle dernier, le plus flatteur
des rois et leur premier pensionnaire, auquel, bêtement,
les bourgeois élèvent des statues, qui est bien dur pour
les deux classes les plus nombreuses de la société fran-
çaise ; je veux dire : la bourgeoisie, et les prolétaires, que
M. Thiers appelait la « vile multitude ». Voltaire écrivait,
entre autres choses malséantes, celle-ci : « Il me paraît
essentiel qu'il y ait des gueux ignorants ; ce n'est pas le
manœuvre qu'il faut instruire, c'est le BOURGEOIS (1ᵉʳ avril
1766). »

Aujourd'hui, cette injure serait déplacée ; elle attein-
drait trop de monde ! D'ailleurs, les journaux nous ap-
portent la lumière, et nous n'avons plus besoin de lire
autre chose : il faut brûler les bibliothèques ; la raison de
l'homme est arrivée à son apogée. C'est convenu.

Nous verrons si, lorsque le peuple domine, avec son caprice pour seule loi, on ne doit pas craindre plutôt l'avénement de la licence que celui de la liberté.

Quoi qu'il en soit, nous avons une constitution républicaine. C'est la loi fondamentale du pays, que je suis le premier à respecter, parce que je ne serai jamais un conspirateur. C'est un trop triste métier, qui ne rapporte pas autant qu'il déshonore. Je le laisse à ceux qui, publiquement et alors qu'il n'y a plus de péril à courir, l'invoquent comme un acte méritoire dans un pays libre.

Plusieurs de ceux qui ont doté la France de cette constitution en ont fait leur *meâ culpâ* ; d'autres (des républicains) l'ont attaquée en termes si violents qu'ils ont fait craindre un instant pour la tranquillité du pays. Leur œuvre est donc imparfaite? Hélas! oui.

D'abord, ils lui ont refusé le baptême populaire, contrairement à l'opinion de M. Gambetta, qui disait au Corps législatif, le 5 avril 1870 : « Je crois que le plébiscite est
» une sanction désormais nécessaire dans les sociétés
» qui reposent sur le droit démocratique, pour donner au
» pouvoir, qu'il soit issu de la Révolution, ou *issu d'une*
» *acceptation*, la sanction que les anciennes monarchies
» trouvaient dans le droit divin. Je dis que la philosophie
» politique exige que l'on considère le peuple comme la
» *source exclusive, inépuisable, sans cesse renouvelée, du*
» *pouvoir et du droit.* »

Est-ce clair?

Puis, les pères de la Constitution ont décidé qu'elle pourrait être révisée, *en tout ou en partie*, lorsque les deux Chambres se réuniraient en Congrès. En sorte que tout Français a le droit de conserver ses regrets et ses espérances. Maladresse des maladresses!

En effet, plusieurs hypothèses se présentent à l'esprit. Si le Congrès allait rétablir le trône des Bourbons? Ce serait renouer la chaîne de quatorze siècles ; mais cette restauration serait-elle du goût de la majorité des Français? J'en doute.—Ou si le Congrès refaisait seulement la dynastie orléaniste? Cela plairait encore à beaucoup de gens, qui, tout en gardant le régime parlementaire, retrouveraient la clé de voûte de l'édifice politique.—Ou bien si le Congrès allait rétablir l'Empire, afin de nous redonner le plaisir de voir les républicains le saluer à son aurore? Ici, je ne vois pas trop ce dont les hommes portant aujourd'hui la cocarde républicaine auraient à se plaindre, sûrs qu'ils sont d'obtenir des places.—Ou bien, si le Congrès, poussé par le mouvement démagogique, allait nous donner la Commune, dont des voix très autorisées dans la partie avancée des républicains prédisent le prochain avénement? D'ailleurs, M. Lockroy n'a-t-il pas dit, à l'Assemblée nationale, en terminant un effrayant discours : « Je vous préviens que la première » révolution sera inexorable? »

Ce serait raide. Mais est-ce impossible chez un peuple sans guide, ressemblant à un navire en détresse au milieu des récifs? L'avenir est donc incertain, inquiétant ; personne n'en doute.

L'Assemblée nationale (à une voix de majorité) a méconnu la souveraineté nationale de deux manières : elle a constitué un Sénat sans la participation des électeurs : 75 sénateurs ont été pris dans son sein ; on dit même qu'il y en avait deux, au moins, qui n'étaient pas éligibles. Premier accroc au suffrage universel.

Ensuite, l'Assemblée nationale a tellement restreint le nombre des électeurs pour la nomination des autres sénateurs, qu'il ne doit pas même égaler le nombre des électeurs censitaires sous le règne de Louis-Philippe. Second accroc au suffrage universel.

Arrivons au Parlement, quoi que la chose n'en vaille guère la peine, en passant sous silence ce qui s'est fait avant la Constitution.

En 1848, M. Emile de Girardin disait aux républicains : « Vous voulez le suffrage universel, parce que vous espé- » rez qu'il fera surgir des hommes plus capables que ceux » qu'on vient de renverser? Eh bien ! vous vous trompez. » La France ne vous donnera pas ce qu'elle a. »

En effet, prenez les sénateurs et les députés qui sont le

produit de la révolution du 4 septembre , gens inconnus aussi bien par leur talent que par leur position sociale , dont quelques-uns ont gagné des portefeuilles, qu'ils ont vite perdus, et qui sont toujours à la recherche d'une position élevée, et vous arriverez facilement à la démonstration du *néant*. Ces gens ne peuvent pas s'entendre sur un programme de gouvernement ; ils sont divisés en quatre groupes, qui, eux-mêmes, se subdivisent, parce que lorsqu'il s'agit d'attaquer le pouvoir, l'on marche fraternellement; mais, après la victoire, la division éclate, et les vainqueurs n'apparaissent plus que morcelés, divisés à l'infini; et si on réunissait toutes les couleurs des factions rivales et ennemies, on en ferait un habillement complet à Arlequin. C'est la tour de Babel, où chacun parle sa langue ; aussi ont-ils déjà fabriqué quatre-vingt-dix ministres. Si cela continue de la sorte , on arrivera à suivre le conseil que donnait naguère la *Marseillaise* , de changer de ministère tous les huit jours. Heureux temps pour les révolutionnaires !

Voilà le parlement. « C'est *tout* le pouvoir, » a dit dernièrement un sénateur. Mais il a oublié un autre pouvoir, qui a la prétention de faire revivre la Commune de la première République, en revendiquant des priviléges qui appartiennent à d'autres : c'est le Conseil municipal de Paris. Si on le laissait faire, il n'y aurait plus d'autre représentation nationale, d'autre pouvoir exécutif que les élus de Paris et de sa banlieue.

Il faut lire le journal de M. Clémenceau, pour juger de la Chambre des députés, (tandis que moi j'en exclus la droite). Tantôt il dit que la Chambre ressemble à une vieille femme habillée selon les modes ridicules du temps passé, et il la compare à la reine *Marie-Amélie ;* tantôt il ose dire que chaque député ne procède dans les délibérations que poussé par des calculs électoraux qui l'étreignent. Et les autres journaux tiennent un langage bas, méprisant, écœurant. Le motif qui fait agir ces gens-là est connu ; c'est qu'ils ne sont pas encore arrivés, mais qu'ils prennent patience : leur tour viendra.

Le chef de la majorité disait, lors des dernières élec-tions générales, qu'il lui fallait 400 républicains pour pouvoir gouverner. Il les a. Qu'en fait-il ? Rien.

En effet, aucune amélioration n'a été apportée à notre législation, et le *Bulletin des Lois*, depuis neuf années, ne reproduit aucune loi qui touche aux intérêts en souffrance. Il n'en était pas de même sous l'Empire. Le chef de l'Etat faisait préparer des projets de lois, et le Corps législatif n'avait qu'à les examiner et à les voter.

Aujourd'hui, les candidats à la députation parlent sans cesse de leur affection pour les travailleurs, au soit desquels ils s'intéressent énormément au moment des élections ; ils leur font de magnifiques promesses irréalisables, qu'eux-mêmes ne comprennent pas. Mais, à la Chambre, c'est vite oublié : on en rit. Il n'en était pas de même sous le précédent gouvernement. Au contraire, on trouvait les ministres et les députés toujours occupés d'améliorations utiles, dont le pays jouit. Entre autres monuments législatifs et exécutifs, on peut citer :

En 1858, une loi modifiant plusieurs dispositions du code de procédure civile.

En 1860, le célèbre traité du libre-échange avec l'Angleterre d'abord, et avec d'autres Etats ensuite.

En 1863, une loi sur le nantissement.

De 1859 à 1864, des lois et décrets sur les sociétés anonymes françaises et étrangères.

En 1865, une loi sur les associations syndicales.

En 1866, une loi qui supprime les droits de tonnage sur les navires étrangers, et, par conséquent, diminue d'autant le prix des marchandises importées chez nous.

Puis, la loi abolissant la contrainte par corps, dernier vestige de la barbarie.

La loi abolissant l'article 415 du code pénal, qui prohibait les coalitions, et permettant aux ouvriers de discuter librement leur salaire avec leurs patrons.

C'est aussi sous l'Empire que se sont formées et développées les associations mutuelles entre ouvriers, œuvres si utiles et si moralisantes !

J'ai trop bonne opinion du peuple pour croire qu'il puisse oublier de tels bienfaits.

Enfin, à la suite d'une guerre heureuse avec la Russie, est intervenu, le 30 mars 1856, un traité de paix établissant une doctrine uniforme et fixe sur le *droit maritime, en temps de guerre,* dont l'objet a été de détruire la piraterie connue sous le nom de *course,* et de donner aux bâtiments de commerce toute sécurité.

Mais que fait donc la Chambre des députés ? Ah ! elle cause, elle se dispute, elle se fâche, elle piétine dans l'intrigue et elle se conduit fort mal envers la minorité. Elle passe une session à invalider des députés qui valent mieux que ceux qui les persécutent. Une autre session est employée à discuter les lois Ferry, ou autres choses de même calibre, le tout pour amuser les badauds, sans aucun avantage pour le pays qui souffre. Mais cette comédie est usée, et les révolutionnaires du troisième dessous ne sont pas assez bêtes pour se laisser prendre au piége, puisqu'il ne peut en résulter pour eux aucun profit. Ecoutez, entre autres, un journal rouge : « Et que nous importe le vote de l'article 7, après tout, écrit le *Citoyen.* Oh ! que le moindre grain de mil ferait bien mieux mon affaire, et quelle bonne petite chose ce serait si, à la place de l'article 7, nous avions un tantinet le droit de nous réunir, de nous associer et d'écrire ! — Voyons, éteignons les feux de bengale une bonne fois et finissons-en avec les fantasmagories de la scène. Aurons-nous l'amnistie ? non. Aurons-nous la liberté de la presse ? non. Aurons-nous la liberté de réunion ? Pas davantage. Aurons-nous la séparation de l'Eglise et de l'Etat ? Encore moins. Que vient-on, dès lors, essayer de nous éblouir avec ces annonces de victoire, et que valent ces cris de triomphe jetés aux échos ? Histoire de s'étourdir et d'étourdir les gens. — Oui, le pays n'a plus rien à voir à la comédie dont s'amusent les Chambres. Il ne regarde plus en arrière, il regarde en avant, il se recueille, il se prépare. S'il ne dit rien, laissez-le faire ; il dira, à son jour, ce qu'il a à dire, et il se fera entendre. »

Cependant, une belle occasion se présentait, il y a un an, pour les députés, de prouver leur sollicitude pour les onvriers. Une proposition a été faite de réduire à dix heures la journée de travail. Dernièrement, un député *de la droite* s'est élevé contre le retard apporté à la discussion ; on lui a répondu que le rapporteur hâterait le travail le plus tôt possible. C'est tout. Mais le même député a répliqué aux républicains : « On vous jugera ; on verra comment vous comprenez les intérêts des ouvriers, en ajournant toujours les questions qui les touchent. »

Et un autre député a ajouté dans une lettre rendue publique : « Je sais par *expérience* qu'il n'y a rien à at- » tendre du genre particulier de démocratie de la Cham- » bre soi-disant républicaine : j'attends le règne de la » véritable démocratie. »

Il y a une chose visible, saisissante, c'est l'impuissance du Parlement, qui ne sait rien faire, si ce n'est de chercher à assouvir sa haine contre les conservateurs et contre nos meilleures institutions.

Son impuissance est-elle contestable? Non. On va le voir.

On a beaucoup parlé de la réorganisation de l'armée. Je ne sais où on en est; mais, ce qu'il y a de certain, c'est que la loi sur l'état-major, après avoir subi une douzaine de transformations, n'a été votée que le 19 mars 1880. C'est, dit-on, un pauvre chef-d'œuvre, dont le mérite n'est pas proportionné au temps que son enfantement a demandé.

Les révolutionnaires trouvaient que la loi municipale de 1838 était défectueuse, et ils en réclamaient une autre. La Chambre a examiné et discuté, à plusieurs reprises, la révision de cette malencontreuse loi, et n'a pu accoucher d'une loi plus parfaite. Est-ce vrai?

Les mêmes trouvaient aussi que la presse n'était pas libre et qu'il fallait lui retirer ses liens. Ils ont essayé, non pas de détruire les entraves apportées à l'expression des opinions, mais de les rendre moins dures. Ils ont

discuté pendant deux ou trois séances, sans aucun succès ;
et un journaliste qui a passé sa vie à écrire toutes sortes
de choses contradictoires et souvent insensées, président
de la commission nommée à cet effet, en est réduit à
solliciter des conseils à d'autres que les députés, en
offrant de payer le prix du labeur. Et tenez pour sûr qu'il
ne sortira de là rien que du vent. Encore un projet à
l'eau.

Et le droit de réunion, ainsi que le droit d'association?
Neiges d'antan. On s'en occupe pour rire, ou pour faire
rire. C'est un truc à ajouter aux autres, un trompe-l'œil.
Voilà tout.

Incapacité, duplicité, temps perdu : voilà le fruit des
dernières élections. Et dire qu'il y a encore des gens, de
braves gens, par ma foi ! dont l'esprit se complaît à admirer un régime exclusivement et abusivement parlementaire, c'est-à-dire un gouvernement anonyme, où, par la
collectivité de ses membres, personne n'est responsable !
Plaignons-les ; ils garderont, jusqu'à la fin de leur vie, les
écailles qu'ils ont sur les yeux : le miracle de Damas ne
se renouvellera pas pour eux.

Sans doute, on rencontre encore un certain nombre
d'esprits ouverts, éclairés, indépendants, qui conservent,
envers la République, la liberté d'examen, et dont la cul-
ture intellectuelle ne peut s'accommoder d'une humiliante
servitude ; qui ne prennent pas les étiquettes pour des
réalités, et dont l'opinion est rigoureusement gouvernée
par des principes. Il en est d'autres plus nombreux et plus
dangereux, qui, par amour de l'étiquette républicaine, ou
par honte, soutiennent un gouvernement oppresseur. C'est,
ou de la lâcheté, ou de l'imbécilité.

Mais ce sera bien autre chose lorsqu'on aura des députés du sexe féminin. Ne riez pas. Tout ce qui est ridicule est imité en France. A Iowa (Amérique) la Chambre
des représentants a adopté une résolution tendant à révi-
ser la Constitution, afin de rendre les femmes éligibles
comme députés. En Angleterre, un meeting de femmes
(présidé par une dame du meilleur monde politique, as-

sistée d'autres dames du monde) vient d'avoir lieu dans le but de demander pour les femmes le droit de vote avant les prochaines élections. A Paris, des réunions ont lieu dans la même intention. Allons, républicains, déridez-vous, mettez-y un peu de galanterie, et la farce couronnera l'édifice.

Mais le *Mot d'Ordre* veut autre chose, et cela devient sérieux, même effrayant. « Place aux amnistiés ! dit-il.
» C'est là ce que ne manqueront pas de dire les élec-
» teurs.—Les vaincus de 1871 qui nous reviennent sont
» les continuateurs de la révolution. Le suffrage univer-
» sel saura bien les reconnaître et les envoyer au Parle-
» ment. Les amnistiés de 1871 deviendront les représen-
» tants du pays et seront respectés d'autant plus qu'ils ont
» plus souffert pour la cause de la démocratie.—Qu'im-
» portent au pays les *récriminations de la bourgeoisie ?* Le
» pays ne se préoccupe que d'une chose : le progrès...—
» Ce n'est pas l'opportunisme qui endiguera la révolu-
» tion.—Pour un travail de ce genre, après 1793, il a fallu
» Bonaparte ; entre M. Gambetta et Bonaparte, tout le
» monde nous concédera qu'il y a quelque distance. »

Le *Père Duchêne* ajoute : « Le peuple n'a rien à at-
» tendre, dans son émancipation sociale, des politiciens
» comme les Louis Blanc, les Lockroy, les Clémenceau.
» La Commune a été, est et sera la pierre de touche des
» véritables amis des prolétaires. La Commune, c'est le
» pôle de l'avenir. »

J'ai dit que le Parlement n'avait encore rien fait. Je me suis trompé, et je m'empresse de réparer mon erreur. M. Thiers, dont on connaît la surabondance d'imagination, a cru trouver quelque chose de merveilleux en faisant un emprunt de cinq milliards pour payer notre rançon aux Allemands, avec une addition de cinq cent millions pour *frais de négociation.* Je ne m'explique pas sur l'accessoire, c'est trop délicat. Mais je suis autorisé à dire que la fantaisie de celui dont l'orgueilleux despotisme a amené sa chute, a été la plus coûteuse des nombreuses erreurs qu'il a commises envers son pays.

En effet, l'emprunt a été fait à un taux si bas que l'argent étranger est venu inutilement affluer au Trésor public. C'était offrir aux souscripteurs un excellent marché : six et demi pour cent d'intérêt ; et on comprend qu'au lieu de cinq milliards, on en ait obtenu sept fois plus. Pourquoi cela ? Ah ! c'est que M. Thiers a voulu exalter le crédit de la France. C'est tout simplement de l'enfantillage et une grave imprudence, parce que l'ennemi sait, à n'en pas douter, que nous sommes solvables pour de plus fortes rançons : les hommes du Nord ont tant de besoins et sont si peu scrupuleux ! C'était déjà comme cela du temps de Tacite ; et Charlemagne, avant de mourir, a vu commencer les invasions normandes qui, pendant plusieurs siècles, ont désolé les plus riches provinces de la France.

Et on ose vanter un acte que tout banquier aurait aussi facilement fait que notre historien moderne! Quant à moi, je dénie à M. Thiers le titre de *libérateur*, parce qu'il n'a ni sacrifié sa fortune, ni obtenu aucune réduction sur notre dette. L'enthousiasme causé par l'éloignement des envahisseurs étant passé, la raison, la froide raison doit reprendre son empire.

Mais je tiens à opposer à la prétendue gloire dont on gratifie M. Thiers, un acte remarquable entre tous, qui non-seulement n'a rien coûté à la France, mais qui lui a épargné des centaines de millions, alors qu'elle était dans la détresse. Voici :

On sait qu'après le triomphe (à Waterloo, le 18 juin 1815) de la coalition européenne, qu'avait fait naître contre nous notre première Révolution, l'ennemi devait occuper nos places fortes du Nord-Est, pendant cinq ans, avec une armée de 150,000 hommes entretenue à nos frais. Et la France devait en plus payer une forte rançon.

Eh bien ! le duc de Richelieu, ministre du roi Louis XVIII, a obtenu des puissances étrangères : 1° la libération du territoire le 30 novembre 1818, c'est-à-dire deux ans plus tôt ; 2° et une forte réduction sur notre rançon. C'est que la signature d'un roi de France était une garantie de sécurité ! Aujourd'hui, la signature de tous les républicains ne serait pas suffisante.

On élève des statues à M. Thiers, et le duc de Richelieu, le vrai, l'unique libérateur de notre pays, attend encore la sienne ! D'un côté, une réputation surfaite et trop payée ; de l'autre, l'ingratitude du peuple. Voilà le monde !

Les républicains ont eu l'idée de faire une exposition en 1878, avec la pensée qu'elle surpasserait celle de 1867. Oh ! les républicains font grand, et surtout grand bruit. Ils ont construit des bâtiments immenses; ils ont dépensé 25 ou 30 millions de plus que leurs recettes. On sait qu'ils n'y vont pas de main-morte quand il s'agit, pour eux, de puiser dans la bourse commune. Mais qu'en est-il résulté d'avantageux pour le pays ? Rien. Cette exposition n'avait pas la splendeur de sa devancière, et la France n'a pas brillé par sa supériorité. Mais elle a valu aux ministres de gros suppléments de traitements, et des croix d'honneur à des gens qui, peut-être, ne se trouvaient pas dans les conditions voulues par la loi pour les recevoir.

Bien plus, il est résulté de cette exposition un grand scandale. L'administration avait acheté des tableaux, des statues, qui figurèrent parmi les principaux lots d'une loterie illégale et immorale. Après le tirage, la plupart de ces objets ont été mis en vente, et on a été bien étonné de leur peu de valeur ; il y avait de quoi.

La *Sultane*, achetée 7,500 fr., a été vendue 700 fr.—La *Fuite en Egypte*, achetée 14,000 fr., a été vendue 4,000 fr. —Le *Plateau des Dunes*, acheté 3,100 fr., a été vendu 800 fr.—Le *Bacchant*, acheté 7,500 fr., a été vendu 1,605 francs —Une *Bacchante*, achetée 5,500 fr., a été vendue 1,120 fr.—L'*Automne*, acheté 5,500 fr., a été vendu 1,950 francs.—*Sauton*, acheté 24,000 fr., a été vendu 8,000 fr.

Quelles réflexions ne fait pas naître un pareil tripotage !

Qu'est-ce donc que le gouvernement actuel? Est-ce la République? Est-ce une autre forme de gouvernement ?

Je réponds (et en cela, mais en cela seulement, je me trouve en parfait accord avec tous les journaux rouges) non, ce n'est pas la République ; le nom seul est prononcé. Mais il n'y a nul changement dans l'organisation des pouvoirs publics, ni d'amélioration nulle part. A la place d'un roi ou d'un empereur, nous avons un Président investi des même attributions ; nous avons un Sénat et des députés, comme sous l'Empire. Est-ce tout ? Oui, vraiment. Cela suffit pour contenter les bourgeois qui, de tout temps, ont été frondeurs et ont eu la prétention de donner des leçons au Pouvoir. Témoin : les révolutions de 1830 et de 1848. Mais sans les lois créées par les gouvernements qui ont précédé le régime dit républicain, les bourgeois trembleraient pour leur fortune et pour leur vie.

Donc, il n'y a rien de changé. M. Clémenceau, dans son journal la *Justice*, dit : « Faites la récapitulation, cher-
» chez les réformes accomplies. Vous trouverez le néant ;
» vous aurez beaucoup moins que rien. Aujourd'hui, on
» voit les ministres chanceler et tomber les uns après les
» autres ; le désarroi est dans l'opinion, l'impopularlté
» commence. »

Mais les principaux et les plus habiles émeutiers sont arrivés ; les autres leur ont fait la courte échelle, et on les a mis à l'écart. La Révolution est-elle finie ? Non ; le tour de chacun arrivera : c'est de justice. Et le *Mot d'Ordre* caractérise cette forme hybride de gouvernement en termes vifs et crus qui fouettent en plein visage les *satisfaits du jour* : « Nana, dit ce journal, en habile hé-
» taïre parlementaire qu'elle est, sait se garder à carreau,
» et se garder en même temps à pique, à cœur et à trèfle ;
» à trèfle surtout, signe d'argent. Elle a le talent d'adres-
» ser à la fois un sourire à Léon Renault et une œillade
» effrontée à Floquet, de caresser Clémenceau, et d'en-
» voyer un baiser à Marcère, de se prononcer à la fois
» pour et contre l'amnistie, d'accueillir et de repousser
» le droit de réunion, d'affirmer et de nier la liberté de
» la presse, de soutenir concurremment toutes les thèses
» et toutes les causes, de se prémunir contre tous les

» risques et de ne laisser perdre aucune chance de gain !
» C'est là que nous en sommes, c'est à un abîme d'avi-
» lissement que l'on nous mène à grands pas et que nous
» nous enfonçons chaque jour davantage. La politique a
» déserté les hauteurs de la pensée pour les bassesses du
» trottoir. Courtisane, elle conquiert les votes comme ses
» pareilles racolent les passants. Il est temps que le
» peuple avise, s'il ne veut pas que la France, au lieu
» d'être une démocratie, ne soit plus qu'une immense
» pornocratie, et que nous soyons condamnés à subir le
» règne des filles de joie politiques ! »

Si le régime actuel ne fonctionne pas au gré de la partie avancée des républicains, il a encore le tort de répu-
gner à ceux qui n'éprouvent aucune sympathie pour lui ,
parce qu'ils trouvent que le parlementarisme, tel qu'on le
pratique, fausse et dénature les opinions, les préférences
et les sentiments honnêtes du pays.

On reprochait à l'Empire de coûter au Trésor 25 millions pour le traitement du chef de l'Etat ; on trouvait ça
trop cher pour une grande et riche puissance.

Mais, naïfs républicains désintéressés, faites donc la
comparaison des dépenses d'autrefois avec celles d'aujourd'hui, et vous serez confondus de ce que nous coûtent
vos illusions, vos billevesées. Voici :

En 1870, le budget général de l'Empire s'élevait à deux
milliards deux cents millions. Aujourd'hui, le budget général de la République atteint trois milliards sept cent
millions. Et qu'on ne vienne pas dire que cet accroisse-
ment est le résultat de la guerre et de la Commune , ces
deux fléaux réunis. Non. En bonne justice, il faut défal-
quer des 1,500 millions d'excédant, les dépenses de la
guerre et de la Commune, qui, d'après M. Thiers, ne dé-
passent pas 500 millions. Il reste donc UN MILLIARD
D'AUGMENTATION que l'on est obligé de demander à l'*impôt*. Est-ce clair ?

Si, encore, la République était le dernier mot de la
Révolution, les conservateurs s'en consoleraient, aussi
bien que les honnêtes républicains : ce serait la *Répu-*

blique conservatrice comme le voulait M. Thiers. Mais les cris féroces des NON ARRIVÉS nous prédisent une prochaine tempête. Ecoutez, gens incrédules, ce que veulent ces gens-là ; je ne ferai qu'une citation : elles se ressemblent toutes. A une réunion présidée par Blanqui, à la salle des Ecoles, rue d'Arras, le citoyen Gauthier s'est livré à une ardente apologie de la Commune, et a revendiqué en ces termes le droit à l'insurrection : « L'homme » entre dans la société, et, quand il n'y trouve pas ce » dont il a besoin, il a le droit de faire la guerre et de » satisfaire sa haine. »

Il a conclu en invitant les assistants à faire le 89 des prolétaires.

Autrefois, on reconnaissait comme fondement de la société TROIS CHOSES, qu'on devait respecter et qu'on respectait en effet : les lois le veulent ainsi. Savoir : la *famille*, la *religion*, la *propriété*. Aujourd'hui, le gouvernement laisse attaquer ces bases, ces assises de l'ordre, de la sécurité, des bonnes mœurs et du bonheur domestique.

La *famille ?* On l'insulte, on la dégrade dans les livres et dans les journaux, par des tableaux immoraux, obscènes, qui font connaître tous les vices, tous les crimes dont l'homme est capable ; et ces livres et ces journaux donnent des leçons pour le crime et la plus crapuleuse débauche. Du temps de Jean-Jacques Rousseau, on commençait déjà à démoraliser le peuple. Cet auteur dit : « La littérature et le savoir de notre siècle tendent beau- » coup plus à détruire qu'à édifier. » Aujourd'hui on est arrivé au comble. - Et dernièrement, un député, séparé d'avec sa femme, a eu l'idée, très fructueuse pour lui, de prôner le divorce dans des conférences publiques, et de proposer à la Chambre de le faire revivre : c'est un des mauvais fruits de notre première révolution, que le code de 1804 avait conservé, et qu'une loi de 1816 avait aboli. Malheureuse et fatale idée qui séduit même d'honnêtes pères de famille, tant est grand le relâchement des mœurs. Les anciens disaient : « La sainteté du mariage,

» la légitimité des enfants, le culte des pénates et des
» Dieux lares au foyer de la famille, assurent à tout ci-
» toyen son bien-être personnel au milieu de la félicité
» générale. » D'où l'on concluait que le bonheur est impossible sans une bonne organisation sociale.

Aujourd'hui, on est moins austère ; on considère le
mariage comme un contrat civil ordinaire, sujet à resci-
tion pour causes frivoles, dans le but de satisfaire ses
passions. La séparation de corps ne suffit plus, ni la séparation amiable, comme la pratique l'aristocratie anglaise ; il faut briser entièrement le lien conjugal, et
nous arriverons bientôt à ne plus rien envier aux Amé-
ricains. Là-bas, le mariage est de plus en plus rare ;
aussi le nombre des femmes... libres est-il immense ; le
divorce prend des proportions inouïes. Dans le *Connec-
ticut,* on compte un divorce sur huit mariages ; dans le
Rhode-Island, un sur quatorze, ainsi que dans le *Maine.*
On voit fréquemment des hommes épouser successivement quatre ou cinq femmes. Il va de soi que les gens
divorcés ne sont ni estimables ni estimés : la femme di-
vorcée est, en général, misérable. Le mépris des femmes
est au fond des mœurs.

Est-ce là l'état anti-social qu'on voudrait voir s'accli-
mater en France? Ce serait un comble. Et vous, pères et
mères, qui avez des enfants à marier, le désirez-vous? Non.
Assez d'importations américaines, dont quelques-unes
nous ont coûté trop cher.

Lorsqu'on quitte le chemin droit, on tombe dans l'a-
bîme. L'ex-père Hyacinthe (M. Loyson) est d'avis qu'il ne
faut pas divorcer, et qu'il faudrait plutôt recourir à la po-
lygamie : autre fantaisie immorale.—Alfred de Musset,
qui ne passait pas pour être puritain, n'était pas non plus
partisan du divorce ; il disait : « Les lois sur le mariage
» ne sont pas si mauvaises. Il y a tel moment de ma
» jeunesse où j'aurais donné de bon cœur dix années de
» mon existence pour que le divorce fût dans notre code,
» afin de pouvoir épouser une femme qui était mariée. Si
» mes vœux eussent été exaucés, je me serais brûlé la

» cervelle six mois après. »—Et, pour terminer, une historiette puisée dans un journal. Une dame du monde, ayant à émettre, dans la réunion où elle se trouvait, son opinion sur la question à l'ordre du jour, s'en est acquittée par une réflexion spirituelle. Elle a dit : « Je ne de-
» mande pas mieux qu'on rétablisse le divorce. Et même,
» ça me ferait plaisir, mais à une condition... C'est que
» le juge rétablisse pour nous, après le divorce, les choses
» dans l'état intact où elles étaient avant le mariage !... »
Espérons qu'on n'ajoutera pas cette nouvelle honte à toutes celles qui affligent notre époque.

Passons à la *Religion*. Tous les peuples ont reconnu l'existence d'un Être suprême qui a créé les mondes et en est le régulateur. Tous les livres, même ceux des païens, attestent leur croyance religieuse. Le sentiment religieux est inné en l'homme, et, à son insu et quoi qu'il fasse, il ne s'éteindra jamais ; on le retrouve d'instinct même chez les peuples sans livres, sans pasteurs, tels que les Indiens et les sauvages ; et il suffit de la parole d'un ministre évangélique pour en faire surgir la foi, qui, comme l'a dit Pie IX, s'éloigne de nous pour aller fleurir dans d'autres contrées.—Plutarque a dit : « On bâtirait
» plutôt une ville en l'air qu'on ne fonderait une société
» sans religion. »

« On sait de quelle manière, dit Horace, les Titans,
» cette troupe impie et monstrueuse, furent abattus sous
» la foudre du Dieu qui, seul, gouverne par des lois équi-
» tables la terre, les enfers, les mers orageuses, les om-
» bres, les tristes royaumes, les *Dieux* et les mortels. »
Cicéron, en faisant parler Scipion, mort, dit : « Une
» place certaine et fixée à l'avance, une éternité de bon-
» heur attendent aux *Cieux* les citoyens qui secoururent,
» sauvèrent et agrandirent leur patrie. Il n'est rien sur la
» terre, en effet, rien de plus agréable aux regards du
» *Dieu suprême qui régit l'Univers* que ces réunions, ces
» sociétés d'hommes formées sous l'empire du droit et
» nommées cités ; aussi les génies qui les gouvernent et
» les protégent partent-ils d'ici pour revenir dans ce sé-
» jour. »

Ces passages prouvent (sans qu'il soit besoin de recourir à d'autres citations) : 1º que les hommes sensés de l'antiquité admettaient l'existence d'un Etre suprême; 2º et que le nom de *Dieu*, donné par le peuple à des hommes qui s'étaient signalés par leur force morale, par leurs services publics ou leur héroïque vertu, n'était pas un abus de la divinité, mais un acte de reconnaissance : ce mot équivalait au mot *saint* appliqué aux grands hommes du christianisme. Enfin, chez les anciens, la croyance religieuse en faisait une loi de l'Etat : nul ne pouvait y contrevenir. Donc, l'Eglise n'a pas plus inventé l'obligation qu'a l'Etat de protéger la religion, qu'elle ne le lui a inspirée, encore moins imposée. Cette obligation était une *vérité d'ordre naturel, gouvernemental*, antérieure au christianisme. On punissait les attaques commises contre la croyance adoptée, même fausse, au même titre qu'on punissait les attentats à la fortune, à la vertu et aux bonnes mœurs; et les auteurs sont d'accord pour dire que l'*oubli des Dieux* et la corruption des mœurs ont causé aux Romains tous leurs maux.

En Grèce, il n'était pas permis à un particulier de suivre une autre règle que celle prescrite par le législateur, sous peine de mort, bien qu'on n'eût qu'une idée imparfaite de l'essence divine. En effet, on lisait au fronton du temple de Delphes : « *Au Dieu inconnu.* » — On condamnait, et ceux qui étaient athées, et ceux qui affirmaient l'immortalité de l'âme. La tête de Diagonas fut mise à prix par les Athéniens à cause son athéisme; et Socrate fut condamné à boire la cigüe pour avoir persisté dans sa croyance à l'immortalité de l'âme. Enfin, Phidias, Anaxagore et Aspasie furent accusés d'impiété par un parti politique, dans Athènes républicaine.

En Turquie, en Angleterre, en Russie, la religion, quoique différente selon les pays, est érigée en religion d'Etat et a pour chef le souverain.

En Turquie, notamment, la loi est rigoureuse. « Combattez les infidèles, dit le Coran, jusqu'à ce que la vraie religion reste à Dieu seul, sans que Satan y ait aucune part. »

Charlemagne disait aux évêques de son temps : « Je
» veux, qu'appuyés de notre secours et secondés de notre
» puissance, vous puissiez exécuter ce que votre autorité
» réclame. Partout ailleurs, la puissance royale donne la
» loi et marche la première en souveraine. Dans les
» affaires, non-seulement de l'Eglise, mais de la disci-
» pline ecclésiastique, à l'Eglise la décision ; au prince
» la protection, la défense et l'exécution des canons. »

Si nous restons dans notre pays, nous voyons tous les
hommes de quelque valeur repousser l'impiété ; témoin :
Voltaire, Jean-Jacques Rousseau, Napoléon Ier, Montesquieu, même Robespierre, qui a dit : « L'idée de l'Etre
» suprême et de l'immortalité de l'âme est un rappel con-
» tinuel à la justice. » Voltaire avait horreur des athées,
et termina un article à leur sujet en ces termes : « L'athée
» fourbe, ingrat, calomniateur, sanguinaire, raisonne et
» agit conséquemment, s'il est sûr de l'impunité de la part
» des hommes. *Sans la croyance en Dieu*, ce monstre est
» son dieu à lui-même ; il s'immole tout ce qui lui fait
» obstacle. » Victor Cousin a écrit : « Si vous aimez la
patrie et la liberté, fuyez ce qui les a perdues. Loin de
vous cette triste philosophie qui prêche le matérialisme
et l'athéisme comme des doctrines nouvelles destinées à
régénérer le monde. Elle tuent, elles ne régénèrent pas.
C'est dans le triomphe et la propagation du christianisme
que je place toutes mes espérances pour l'avenir de l'humanité. » — Jean-Jacques Rousseau, à l'exemple des
Grecs et des Romains, voulait que, si quelqu'un combat-
tait la religion du pays, il fût mis à mort, non comme
hérétique, mais comme troublant l'Etat. « Sortez de l'idée
» de Dieu, dit-il, je ne vois plus qu'injustice, hypocrisie,
» mensonge parmi les hommes. Par les principes, la phi-
» losophie ne peut faire aucun bien que la religion ne le
» fasse encore mieux, et la religion en fait beaucoup que
» la philosophie ne saurait faire. » Donc, il est faux que
l'athéisme soit un besoin de l'homme, une règle de conduite, un principe social. Ce qui le prouve, c'est le chiffre
minime des hommes en France (84,000 contre 35 mil-

lions) qui repoussent la vérité que toutes les nations anciennes et modernes proclament unanimement ; c’est-à-dire : les catholiques, les juifs, les musulmans, les protestants et les habitants de l’Inde formant peut-être un milliard de personnes. Mais les esprits forts du siècle diront que ce sont tous des imbéciles ! Merci ! — Mais ces hommes sont forcés de reconnaître que les premiers républicains, en France, n’avaient pas renié la croyance de leurs pères, puisque, par l’article 1er du décret du 18 floréal an II (7 mai 1794), ils ont proclamé ceci : « Le peuple français reconnait l’existence de l’Etre suprême et l’immortalité de l’âme. »

On se demande alors pourquoi l’autorité tolère les attaques journalières contre la religion catholique, notamment lorsqu’elles présentent la croix du Rédempteur comme le symbole de la bêtise humaine ? Prenez garde, libres-penseurs, ou vous verrez se reproduire les odieux excès de la première Révolution, et la République ne sera pas de longue durée.

Mais, dit-on, l’Eglise a pour chef un étranger, qui lui transmet des ordres contraires aux lois modernes ? Et on cite, à l’appui de cette assertion, le *Syllabus*. La réponse à cette objection a déjà été faite ; elle est facile et péremptoire. Le Syllabus *ne touche en rien* aux Constitutions, ni aux droits et devoirs des citoyens, ni à leurs libertés politiques ; en un mot, le Pape se borne à juger, *in abstracto*, les théories modernes, sans toucher aux droits pratiques des gouvernements et des citoyens, parce que la puissance spirituelle est une autorité non coactive, *mais simplement persuasive*, pour qui veut accepter ses dogmes, sa morale et son culte. Elle ne contraint personne ; c’est elle, au contraire, qui est persécutée : on ne reste dans l’Eglise que si on le veut ; on y entre et on en sort quand on veut. Nul ne va à la messe et à confesse que si cela lui plaît. Et cette liberté, à nulle autre pareille, on veut l’ôter aux catholiques ! Jamais on ne verra une plus inconcevable tyrannie ?

Et le *droit de propriété*, qu’en fait-on ? Une bouchée.

Rien n'est impossible aux révolutionnaires, lorsqu'ils veulent détruire : c'est leur passion, c'est leur mobile.

Ecoutez, républicains, comme on nous menace !

M. Naquet voudrait que la terre appartînt à celui qui la cultive ; il l'a dit, l'*Officiel* le constate. Il a dit à tous les closiers, méteyers, bouviers et bergers de France : « La terre que tu ensemences, le troupeau que tu ex-
» ploites, sont à toi, parce que tu les exploites et les
» cultives. Celui qui te les loue et qui les a payés de ses
» deniers, ou qui les tient par héritage, est dépossédé.
» Hier, tu étais ouvrier et locataire, et tu travaillais à te
» constituer une épargne ; demain, sans plus de labeur,
» tu auras une épargne, tu seras propriétaire, et par
» conséquent conservateur. Conservateur de quoi ? Con-
» servateur de la République, qui t'aura constitué pro-
» priétaire sans passer chez le notaire ni au bureau de
» l'enregistrement. »

Ceci ne s'applique qu'aux fonds de terre.

Voici venir l'attaque à toutes les fortunes, à toutes les positions sociales. Le *Qui vive !* organe de l'*Internationale*, qui s'imprime à Genève, a publié l'avis suivant :

« A LA BOURGEOISIE.

« Apprenez que nous n'avons plus au cœur que l'idée
» d'une vengeance, et nous la voulons *terrible, exem-*
» *plaire.* Un jour viendra, *vous le savez,* où nous serons
» de nouveau maîtres de la place. Il n'y aura plus de
» grâce, plus de merci pour les tueurs de juin 1848, de
» mai 1871. Nous faucherons vos têtes, seraient-elles cou-
» vertes de cheveux blancs, et cela avec le plus grand
» calme. Vos femmes, vos filles, nous n'aurons plus pour
» elles ni respect, ni pitié, nous n'aurons plus que la
» mort ! *La mort,* jusqu'à ce que votre race maudite ait
» disparu à tout jamais.

» A bientôt, messieurs les bourgeois ! »

Eh bien ! ces cris de rage, de cannibal, n'émeuvent ni nos gouvernants, ni ceux qu'ils menacent ; ils vivent dans une quiétude qui fait douter de leur raison. Est-ce que les possesseurs actuels n'ont pas acquis légitimement, par

leur travail, par leur sueur, le droit de posséder, en achetant, de leur argent, les meubles et les immeubles qu'on
leur envie ? Est-ce que ceux qui convoitent leur fortune
peuvent invoquer d'autre titre que leur fainéantise et leur
basse cupidité ? N'y a-t il donc plus de lois qui, depuis la
fondation du royaume de France , aient établi et consacré
le droit de propriété ? N'existe-t-il donc plus de traités internationaux qui obligent un gouvernement à faire respecter, chez lui, les droits et la sécurité de l'Etat voisin ?

Les ancêtres de nos républicains du jour étaient plus
soucieux qu'eux du droit de propriété. En effet, une loi
du 29-31 mars 1791 portait peine de mort contre quiconque provoquerait, *par des écrits*, le meurtre et la violation
des propriétés. Pourquoi ne pas faire revivre, en son esprit
au moins, une loi qui serait si utile en ce moment ?

Il paraît que, maintenant, tout est possible, et que le
règne des *partageux* est proche. L'internationale, le socialisme, le matérialisme, le radicalisme ont fait invasion
dans les couches inférieures, et ont même trouvé des
adeptes dans les corps législatifs. On a inventé la question sociale, c'est-à-dire la *liquidation générale*, le nivellement des fortunes, comme si cela était juste et possible.
On ne trouverait chez aucun peuple ancien pareil désordre dans les idées, ni d'aussi atroces projets. Quelle déplorable société ? minée de toutes parts, peut-elle vivre
longtemps ?

Mais un fait anormal et presque général, vient journellement aggraver la situation, et donne lieu de craindre
que l'équilibre en économie politique ne soit bientôt détruit. Je veux parler du dépeuplement des campagnes en
faveur des villes : phénomène inquiétant !

Tout le monde sait que le travail des champs répugne
même aux gens qui y sont nés, et que la terre est en partie laissée en friche, on ne rapporte presque rien. Ils ne
savent pas, ces gens, que Delille a dit : « Heureux,
l'homme des champs, s'il connaissait son bonheur ! » —
Qui donc pousse le paysan à quitter la vie champêtre ?
le luxe et les plaisirs des villes. Ce n'est plus le temps où

Montesquieu pouvait dire : « J'aime les paysans parce
» qu'ils n'ont pas assez d'esprit pour pouvoir déraison-
» ner. » Oh ! aujourd'hui, ils viennent faire concurrence
aux habitants des villes.

Cicéron trouvait encore une autre cause à la désorganisation sociale. « Rien, dit-il, ne contribua davantage à
» la décadence, à la chute de Carthage et de Corinthe
» que cette vie errante, cette dispersion des citoyens,
» auxquels le plaisir des voyages, l'attrait du commerce
» faisaient abandonner les soins de l'agriculture et le
» goût des armes. Le charme des sites maritimes semble
» inviter par lui-même à de folles dépenses, aux corrup-
» tions énervantes de l'oisiveté. »

L'agriculture et l'horticulture ne produisent que 15 milliards ; cela ne suffit pas. L'agriculture reste, chaque
année, de 2 milliards au-dessous de nos besoins ; tandis
que les 7 milliards et demi que produisent aujourd'hui
les industries urbaines sont plus que suffisants pour les
besoins de notre consommation, et vont, pour le reste,
alimenter les marchés étrangers, d'où nos commerçants
tirent une partie de leur fortune. Malheur aux gouvernants qui pensent à autre chose que l'intérêt général et
qui laissent l'agriculture aux abois ! Notre pays, grâce
à son climat privilégié, l'emporte sur tous les autres peuples, par un ensemble de produits merveilleusement ap-
propriés à tous ses besoins : il peut vivre par lui-même, se
suffire, par le seul échange, à l'intérieur, de ses produits
du nord et de ses produits du midi, où l'homme, quel qu'il
soit, trouve un travail approprié à ses facultés physiques,
à son intelligence, et suffisamment rémunérateur, et où la
misère ne prend jamais les effroyables proportions auxquelles elle arrive dans les autres pays.

Que les socialistes montrent qu'ils peuvent sauver la
société en consacrant leurs travaux et leurs veilles à la
terre, la première, la plus grande, la plus féconde et la
mère de toutes les industries ; et alors, purifiés par l'exercice du corps, contemplant de près la nature, ils revien-
dront à des idées plus saines, et, au lieu d'agiter et de

troubler le pays, ils acquerront la raison et le bon sens qui leur manquent.

Les charlatans de la politique font une rude concurrence aux charlatans de la place publique. Ils ont néanmoins, entre eux, un point de ressemblance : plus ils parlent, plus leur boniment est le même. Ce qui les différencie, c'est la qualité de leurs drogues. Les uns se bornent à débiter des compositions inoffensives, mais peu cher ; les gens d'esprit en rient, les autres s'en fâchent ; c'est tout, et le monde n'en est pas troublé. Mais les charlatans de la grande école interlope nous livrent des drogues frelatées, malsaines, nuisibles au corps social ; et, pour les faire avaler, ils ont le talent de parler deux langues : l'une pour le populaire (qui commence à croire qu'on le berne, le croirait-on ?) ; l'autre pour les classes dites supérieures, encore confiantes, encore enflées des flatteries dont on les berce, oubliant, comme l'a dit La Fontaine, que « tout flatteur vit aux dépens de celui qui l'écoute. » En effet, à chaque révolution, un peu plus d'impôts et un peu moins de liberté. Voilà le résultat de ces agitations factices, anti-patriotiques de la bohême d'estaminet, sous la domination de laquelle le pays se trouve !

Les révolutionnaires qui veulent arriver n'ont toujours que deux mots à la bouche : *liberté ; diminution des charges*. Je ne parlerai pas de leur désintéressement ; ils n'en soufflent mot ; ils ont raison : c'est un luxe qui ne convient qu'aux grandes âmes !

La liberté ? Qui la définira ? Qui voudrait en fixer les limites ? Le parti républicain, exclu du pouvoir, réclame constamment la liberté, mais sans sortir des généralités, ou plutôt des banalités : méthode très commode. C'est pour lui une arme de combat qu'il délaisse après la victoire. Ah ! serait sage l'homme qui pourrait borner la liberté politique, vraie, raisonnable et juste, pour tous les temps et sous tous les gouvernements ! Serait encore plus sage l'homme qui parviendrait à faire accepter et pratiquer une telle liberté au peuple français, dont l'esprit versatile, se lasse aussi bien de la liberté que de la servitude ! D'accord sur les principes, nous ne le sommes plus lorsqu'il s'agit de les pratiquer : c'est là ce qui nous divise, ou plus exactement, c'est là où les partis chercheront toujours des forces pour se combattre.

On a remarqué que la liberté n'a jamais fleuri, en France, sous la République ; de même que la forme républicaine n'a jamais réussi aux mains des républicains. Pourquoi ? Parce que les hommes de ce parti n'ont ni un grand cœur, ni du génie, ni le sentiment du patriotisme. En effet, on voit que, du jour de la mort de Louis XVI, la liberté a été bannie par une foule de lois plus atroces les unes, plus atroces les autres. En 1848, il a fallu sévir contre les exaltés et les scélérats. En 1871, après des élections libres et non contestées, une abominable et désastreuse insurrection éclate, et on peut dire que le mot République s'est déshonoré pour la troisième fois par son concubinage avec la Commune. Si cette insurrection eût réussi, la France était en feu ; le pillage était à l'ordre du jour.

Blanqui, le professeur de révolutions, savait par sa propre expérience que « la République, tout aussi bien que la Monarchie, peut ombrager la servitude sous son drapeau ».

L'honnête général Cavaignac lui-même désespérait de la République. Attaqué par les siens, au lendemain des journées de Juin 1848, il poussait, du haut de la tribune, ce cri d'indignation : « Si je n'avais pas la foi républi- » caine, les républicains me dégoûteraient de cette forme » de gouvernement ! »

Donc, la République a fait ses preuves ; c'est ce que nous voyons tous les jours. Elle n'a jamais tenu ce qu'elle promettait. Je crois qu'on a dit vrai en posant cette double proposition : le cri de République vient toujours des ambitieux et des ineptes ; démocrates et démagogues sont frères. Et l'amalgame des deux classes de la bourgeoisie et des prolétaires sera toujours un antagonisme difficile à maîtriser : les bourgeois qui parlent de la démocratie et l'exaltent faussent son principe ; *s'ils s'en servent pour la représenter, ils la trompent.* Et par malheur, la multitude se range toujours du côté des agitateurs. Sans esprit politique, les classes inférieures auront beau faire, elles seront toujours conduites par les classes bourgeoises. Elles font des aristocraties quand elles n'en trouvent pas d'existantes ; elles se donnent souvent à des hommes qui les dominent et les tyrannisent, quand elles n'en trouvent pas de tout habitués à les maîtriser et à les entraîner.

Il est donc permis de douter que nous puissions jamais obtenir des républicains la vraie liberté, et nous devrons nous contenter de l'apercevoir à travers un voile, en répétant ces belles paroles de M. Liadères, un poète à son heure :

> Réglons la liberté dans sa marche et ne l'étouffons pas.
> La guider est un droit, l'étouffer est un crime ;
> Gloire à qui la modère, et honte à qui l'opprime.

Ah ! nous arriverions bien vite à cette vraie liberté, dégagée de ses excès, si nous avions le bon sens pratique des Anglais. Autrefois les républicains, se disant libéraux, allaient chez eux y chercher des exemples ; aujourd'hui, ils les rejettent. Cependant, une expérience de six siècles a démontré l'excellence de la *Grande Charte* ou *Charte des libertés* (Runnime ad 1215). La liberté étant irrévocablement fixée, nul ne peut y porter atteinte. D'ailleurs, il est de principe, chez ces insulaires, que toute extension de la liberté une fois octroyée, n'est jamais reprise. C'est de la stabilité et de la sécurité pour tous, tandis qu'en France, la liberté suit les oscillations de la politique.

En tout cas, si la République peut tenir en France, avec les républicains, ce ne sera pas le gouvernement à *bon marché.* Les républicains disent que les hommes de l'Empire étaient des jouisseurs. Je ne sais pas si cela est vrai, mais on sait qu'eux, républicains, ont encore meilleur appétit. Ils jouissent pour leur propre compte et n'ont cure du reste. Ils occcupent toutes les places et tâchent de s'y maintenir, en écrasant les fâcheux qui murmurent. C'est pourquoi le budget gonfle jusqu'à l'hydropisie, les dotations grossissent, les sinécures se multiplient. Qu'on en juge!

Depuis 1870, la République, pour pourvoir ses amis, a augmenté les traitements de 54 millions 352,000 francs, sans compter 10 millions 497,500 francs qu'elle a ajoutés aux pensions civiles, toujours pour faire des places.

Voici la comparaison :

Budget de 1871, traitements,	253,328,000 fr.
Budget de 1880, traitements,	307,680,000
soit plus d'un 5e. 21 0/0,	54,352,000 fr.

Mais le budget de 1881 porte l'excédant à **60 millions 792,000 francs ;** près d'un quart : 23 fr. 99 pour cent. C'est joli !

Budget de 1871, pensions civiles,	36,576,500 fr.
Budget de 1880, pensions civiles,	47,074,000
Différence en plus au budget républicain,	10,497,500 fr.

soit plus du quart, 28 0/0.

Bien que ces chiffres soient officiels, il se trouvera encore des gens pour soutenir que la République fait des économies, ou qu'elle dégrève l'impôt.

J'ai dit que les républicains n'avaient rien fait, si ce n'est beaucoup de mal déjà. J'ai dit qu'ils laissaient insulter les *trois choses* essentielles à la conservation de la société. Je vais aborder les faits actuels qui passionnent les esprits, réjouissent les uns, et attristent les autres, le tout sans intérêt réel pour le pays ; mais, pour les premiers, c'est se donner la joie de satisfaire leurs sentiments de rancune et de haine.

Est-ce là le gouvernement libéral tant prôné sous l'Empire et qui devait rallier les libéraux de tous les partis ? Non. Le tour étant joué, les masques tombent ; et, comme le disait Ledru-Rollin lors de son procès après les journées de juin, l'idée jetée dans l'opinion et acceptée par

elle, est une supercherie, et lorsque le coup a réussi, on dit ce qu'on voulait ; histoire de tromper pour arriver. M. Testelin pensait de même, lorsqu'il adressait, en 1868, à *son ami Delescluse*, une lettre curieuse, de laquelle je cueille les passages suivants, que les naïfs du centre-gauche devraient bien méditer. Ce *conspirateur parvenu* disait : « Je suis troublé en constatant combien nous diffé-
» rons d'avis. L'union libérale ! quoi ! vous voulez la
» combattre ? mais je l'appelle de tous mes vœux, *je la*
» *chauffe, je la fomente autant que me le permettent mes*
» *faibles moyens.*

» Toute l'histoire moderne démontre que tant qu'il n'y
» a *que des partis extrêmes*, les gouvernements qu'ils at-
» taquent ont peu à redouter. Il n'en est plus de même
» lorsque surviennent *les tiers-partis, qui tentent toujours*
» *de concilier l eau et le feu et marchent droit au gâchis. De*
» *nos jours, la masse des électeurs est essentiellement* IGNO-
» RANTE, BÊTE ET ABSURDE.

» Or, comme à son point de vue le gouvernement est
» dans la logique, et que l'opposition extrême est logique
» elle-même, la masse ne peut manquer d'aller au tiers-
» parti. Or, comme *ceux-ci ont toute l'impuissance que*
» *donne l'illogisme,* ils finissent par se fâcher de ne pou-
» voir arriver à rien. *C'est le moment pour le parti extrême*
» *d'entrer en scène et d'effectuer la révolution* PRÉPARÉE
» PAR LES AUTRES. »

Est-ce clair ? Qu'en dites-vous, bourgeois ?

Le plan des révolutionnaires étant dévoilé, quiconque se laissera prendre à leurs amorces, donnera la mesure de son peu d'intelligence.

On le sait de reste, la gloire, les honneurs, le pouvoir sont le point de mire commun du talent et de la nullité. Mais il y a cette différence capitale que l'un poursuit son but sans s'écarter de la ligne du devoir, tandis que l'autre, dépourvu de mérite, ne marche qu'en s'appuyant sur la ruse et le mensonge. Ajoutons avec Alexandre Dumas fils (juin 1871) : « Le pouvoir suprême est tentant, mais pour ceux-là seulement qui ne pourraient rien être sans lui, et qui, ne pouvant se mettre au-dessus des autres par eux-mêmes, se font mettre au-dessus d'eux-mêmes par les autres. »

Et qu'on ne vienne pas m'objecter le nombre des partis politiques en France. Nous avons hérité cela de nos ancêtres, les Gaulois, qui, au dire de Jules César, étaient tout aussi divisés que nous le sommes, puisque les habitants des villes et des villages ne pouvaient pas s'entendre ; la division éclatait même au sein des familles. Néanmoins, il doit y avoir un lien commun, étroit, l'intérêt social : là est le plus grand nombre, et tous devraient être d'accord si la bonne foi était l'âme du gouvernement.

Je concéderai tout d'abord aux républicains qu'étant en minorité, ils n'ont pas toutes leurs aises. Mais un homme de génie a un plan, il sait le faire accepter par le pays, et son exécution prouve qu'il n'est pas une utopie ; le succès justifie l'entreprise, et tout le monde applaudit. Si cet homme de génie eut existé dans le parti dominant, on le verrait bien. Mais cet homme se cache encore ; c'est là notre malheur. En vérité, ce n'était pas la peine de changer de gouvernement.

Mais, au moins, devraient-ils, ces conquérants du pouvoir, nous laisser un peu de cette liberté qui fut leur fausse idole autrefois. Ce serait de la bonne politique. Ils seraient sûrs de ne pas mécontenter inutilement bon nombre de conservateurs et de les ramener à leur parti ; ce serait, en tout cas, ôter des mains de ceux-ci une arme dont ils se servent, à juste titre, contre leurs oppresseurs. Mais à quoi bon chercher à faire entendre raison à de vulgaires ambitieux ? Ne sait-on pas, comme l'a dit Amiot, que l'ambition est un cheval farouche qui ne cesse de de ruer jusqu'à ce qu'il ait mis son homme à bas ?

S'il devait toujours en être ainsi, la liberté serait donc impossible ? OUI, *avec les républicains.* En effet, il y a dans ce parti trop de gens qui aiment le désordre, pour qui c'est un moyen d'existence. Par malheur, leur jeu, quoique grossier, échappe à la clairvoyance de certaines

gens qui en sont dupes. Quand donc la raison, le bon
sens et la pratique éclaireront-ils les gens honnêtes de
toutes les classes, qui se laissent éblouir par des mots
sonores, mais vides, incompris même de ceux qui les
prononcent? Quand donc ces gens, modestes et sans ambition, à qui tout gouvernement est bon, pourvu qu'ils
vivent tranquilles, cesseront-ils d'apporter leur contin-
gent à des hommes sans valeur, sans talent, sans convic-
tion en politique, et dont le seul mérite est d'être, comme
tant d'autres, des gens honorables dans la vie privée? Si
cela devait durer, il faudrait dire, avec Seyès, que faire
d'une nation qui s'en va?

Vraiment, quand on examine froidement les événements
politiques, on n'y trouve que de la déraison. Les Français ont des fièvres intermittentes, des névralgies aiguës
à la tête. On sait de quelles maladies ils sont capables :
démocratie brute et maussade, niveleuse de tous les talents, ennemie de toutes gloires. Les progrès de la vie pratique seraient-ils inconciliables avec le bien des âmes et
le mieux des esprits?—Je suis de l'avis de M. Eug. Ros-
tand quand il dit : « Les Français n'acceptent qu'une République : celle qui ressemble à une Monarchie, avec
une dose de liberté en moins. Pour qui, diable, fait-on de
la République en France ? »

Ce n'est pas, à coup sûr, pour améliorer ni la législation, ni les mœurs. M. Rondot l'a dit à la tribune de l'Assemblée nationale : « Nous tenons, chacun, à faire notre
petite Révolution ; mais d'amélioration ? point. »

C'est pourtant là le mobile, le seul mobile des révolutionnaires du 4 septembre et de leurs complices. Ils disent : « Nul n'aura de places que nous et nos amis ; »—
et ils le font ! C'est non-seulement du cynisme, mais encore et plus particulièrement de l'injustice, une conduite
anti-patriotique et une désorganisaton sociale.

Ils méconnaissent, ces hommes cupides, que, depuis
notre première révolution, il est de droit public que tous
les Français sont également admissibles aux emplois civils et militaires ; ce qui leur assure un égal concours
pour les charges publiques.

Ils méconnaissent l'intérêt public, qui exige qu'on ne choisisse que ceux dont l'aptitude est attestée par la capacité et l'honnêteté.

Enfin, ils oublient que tout honnête homme en place a un droit acquis, qu'on ne peut lui ravir, à moins qu'il ne néglige ses devoirs, ou ne se mette en révolte contre le gouvernement.

Cette règle de conduite est celle de tous les gouvernements monarchiques, parce qu'elle est tout à la fois politique et nécessaire.

En effet, la Restauration a accepté les services de plusieurs maréchaux et généraux de l'empire, de plusieurs hommes d'Etat, de plusieurs fonctionnaires et magistrats. C'était leur dire : « Je ne vous demande pas si vous avez des regrets, des affections. Vous êtes utiles au pays, servez-le. » Le gouvernement de Louis-Philippe a agi de même ; et Napoléon III a appelé aux hautes fonctions de l'Etat des orléanistes et des légitimistes, sans leur demander plus que leur concours patriotique.

Aujourd'hui, il n'en est plus de même. Tout républicain est apte à tout ; il n'a pas besoin d'étudier, la science lui vient en dormant, et, à son réveil, il se trouve aussi capable qu'un autre de remplir la fonction dont le gouvernement vient de le bombarder. N'est-il pas vrai que beaucoup de gens, jusque là inconnus, qui ont peu étudié la vie politique, se croient cependant très capables de prendre part au gouvernement ou à l'administration du pays ? Ils sont toujours prêts, malgré leur ignorance, leur inexpérience, à accepter les mandats populaires ou les fonctions supérieures les plus difficiles. Nous en savons quelque chose à Reims ! « Quand je serai là, disent-ils, j'étudierai. »

En Angleterre, un noble disait à un de ses amis : « Est-ce que vous ne me croyez pas capable de comprendre, en un mois, une question d'intérêt public, quelle qu'elle soit? » « Je n'en doute pas, milord, lui répondit finement son interlocuteur; mais je crois que vous la comprendriez mieux encore en deux mois. » A combien d'autres ne faudrait-il pas, non des mois, mais des années, et peut être plus ?

Voyons comment les républicains ont suivi leur méthode.

Ils ont placé au Sénat bon nombre des leurs.

Ils ont des hommes tout prêts pour les ministères, et, selon toute probabilité, les catégories s'y succéderont jusqu'à ce que la dernière arrive ; toujours la devise : Chacun son tour.

Ils ont augmenté le nombre des ministères, en donnant des doublures au plus grand nombre.

Ils ont créé des charges inutiles.

Ils ont renvoyé les conseillers d'Etat, pour y placer leurs amis, et ils ont, sans nécessité, augmenté le nombre de ces fonctionnaires ; le garde des sceaux en est convenu à la tribune.

Ils ont touché à toutes les grandes administrations. Les fonctions sont données à des hommes sans valeur, sans autorité, sans tradition, sans instruction, sans moralité politique, sans moralité professionnelle.

La diplomatie est, en partie, désorganisée, et ceux qu'on y a introduits n'ont aucune des qualités propres à leur emploi ; l'un d'eux même est un repris de justice, qui a trempé dans l'exécrable insurrection de la Commune : odieux et bête tout à la fois. Dans cette administration, il y a la plus complète anarchie, et, d'ailleurs, c'est la plus nulle qu'il y ait, à cause de l'isolement où notre gouvernement se trouve dans ses relations extérieures.

Dans les finances, dans la magistrature amovible, on change, on change ; c'est une procession de destitutions ininterrompue. On ne respecte ni les droits acquis par les services, ni les talents. Tout fonctionnaire qui déplait aux députés, ou aux sénateurs, ou qui a fait craindre, par ses attaches même lointaines, que la République, un jour ou l'autre, trouve en lui un tiède, un indifférent, est sacrifié sans pitié. On ne respecte l'indépendance chez personne. Tous les jours, on offre des sacrifices à la déesse Marianne ; cette grosse femme ressemble à Lucrèce Borgia, qui envoyait à la mort tous ceux dont elle avait reçu les hommages. Il lui faut, chaque jour, des hommes nouveaux.

Dans l'administration départementale, les préfets, sous-préfets et conseillers de préfecture sont choisis parmi les gens qui n'ont encore rempli aucune fonction publique et n'ont aucune idée de la besogne à faire. Il en est de même dans l'administration des finances, où il faut des cautionnements que bon nombre de favorisés ne peuvent fournir, en sorte que l'Etat n'a ni la garantie de l'argent, ni la garantie de la capacité ; on cite notamment : un brasseur, ami de M. Gambetta, qui, après avoir été employé dans le service des égouts, puis dans l'établissement des eaux d'Aix, vient d'être nommé trésorier-payeur général ;—un soldat, brosseur de son commandant, non pourvu des galons de caporal, a été nommé conseiller de préfecture: —l'un des rédacteurs du *Tintamarre* a été nommé à la même fonction ; — un cordonnier de Lyon est nommé d'emblée vérificateur de 1re classe à Paris ; — dans une école congréganiste de Paris, un administrateur nommé pour surveiller l'enseignement, ne sait pas écrire et signe une croix, etc., etc. Ce sont de singulières surprises dans les pays où ils vont. Les lois et règlements sont violés ; mais qu'importe ! Le scrupule est exclu de la foi républicaine.

Si seulement ces hommes-là possédaient ce vernis de politesse qui fait pardonner la médiocrité du talent ! mais non ; ils font la sottise de montrer leur peu d'éducation. On cite de nombreux faits qui prouvent le mauvais genre de ces fonctionnaires improvisés par les gens de la même école. Je n'en indiquerai qu'un : il est récent.—Au banquet du Comice de Brou (Eure-et-Loir), un des convives s'étant permis d'interrompre M. Labiche, sénateur, le préfet se leva en proie à une vive émotion et s'écria : « Tout vieux que je suis, si j'avais été à côté de l'interrupteur, je l'aurais pris par le cou et par le fond de son pantalon et je l'aurais flanqué à la porte. C'est presque un reproche que j'adresse à ceux qui, étant ses voisins, ne l'ont pas fait. »

C'est drôle ! Bien plus : c'est ignorer qu'il existe dans le code pénal, deux articles (309 et 311), qui punissent les coups et les violences.

Dans l'administration de la Justice, des magistrats irréprochables, hors ligne, ayant de longs et honorables services, sont révoqués pour satisfaire les exigences et les rancunes des sénateurs, des députés, même des préfets. On cite, d'un préfet, une demande de révocation contre un magistrat du parquet, conçue en termes qui révèlent un fond de cynisme révoltant. « Le magistrat, dit-il, s'acquitte de ses devoirs professionnels avec une constance et un talent qui échappent à toute critique ; *mais* il observe une réserve en politique qui ne saurait procéder que d'une hostilité secrète, et il y a même lieu de le considérer comme un ennemi d'autant plus dangereux que ses convictions religieuses sont plus profondes. » Ah ! celui-là ne « l'a pas volé », comme dirait certain journal.

Et quant aux juges de paix, quel massacre n'en fait-on pas ? Autrefois, les ennemis du gouvernement impérial lui reprochaient de mêler la politique aux fonctions de ces magistrats. Mais, aujourd'hui, c'est bien changé : la sécurité du gouvernement républicain est à ce prix. On révoque des hommes de valeur, et on leur donne, dit-on, pour successeurs, des huissiers suspendus de leurs fonctions, des épiciers, des charcutiers et autres, dont les modestes professions n'ont aucune analogie avec la magistrature ; mais on a soin de dissimuler ces professions sous le titre de conseiller municipal. En un mot, on récompense des services électoraux. Ce n'est plus de la candidature officielle ; c'est du maquignonnage effronté.

Rien ne peut justifier la conduite du gouvernement : l'honnêteté, la justice la réprouvent.

Mais, dit le ministre de la justice (14 février 1880) les révocations ne sont déterminées que par des *motifs d'ordre purement politique.* C'est très-bien pour vous, républicains. Mais les magistrats et les fonctionnaires frappés par vous n'ont qu'a se considérer comme honorés de leur disgrâce.

Ah ! il y a eu un ministre, honnête homme s'il en fut,

libéral plus que tout autre, qui tenait un langage bien différent du vôtre : c'était M. Odilon Barrot. Je l'ai entendu un jour, à l'Assemblée législative, répondre en termes pleins de dignité à un député qui accusait un magistrat d'une Cour du Midi, de n'avoir aucune sympathie pour le régime républicain. Je vais traduire de mémoire la réponse du ministre ; il a dit : « Je ne m'occupe pas des opinions politiques ou religieuses d'un magistrat ; je n'ai pas le droit de descendre dans sa conscience pour savoir ce qu'il pense et ce qu'il veut. Je respecte l'homme. Je ne dois m'informer que de ses talents, de la manière dont il remplit ses devoirs, et de ses actes. S'ils ne donnent lieu à aucune critique, je ne dois pas le frapper. » Et le sentiment du ministre a été celui de la Chambre. Aujourd'hui, on sifflerait le ministre qui oserait tenir un aussi noble langage.

Enfin, il n'est pas jusqu'aux modestes instituteurs de la campagne dont on ne veuille faire des courtiers d'élection. On les révoque, on les déplace sans que leur conduite puisse être critiquée par les honnêtes gens. Et, dernièrement, n'a-t-on pas vu, à Reims, l'inspecteur du département réunir tous les instituteurs ruraux, pour leur faire un fort beau discours sur leur profession, mais mélangé d'un peu trop de politique ?

Toutes ces choses sont apparues avec le régime républicain ; elles sont le fondement de ses principes, les conditions de son existence. Un ministre n'a pas craint de l'affirmer dans une circulaire ; « on doit, dit-il, *punir jusqu'aux paroles et aux actes qui accusent l'indifférence.*» En sorte que la politique (chauffée par les sénateurs et députés, ainsi que par leurs racoleurs) doit se fourrer partout. Nous retournons à l'ignoble politique vénitienne, à laquelle nous empruntons ses maximes. Désormais, le gouvernement *à épuration* n'emploiera plus de déguisement ; il n'aura recours qu'aux procédés d'asservissement moral, qu'aux moyens de pression et de propagande électorale. C'est là un comble de honte ! Place aux mesquines rancunes, aux basses jalousies, à la rage des républicaius d'occasion, qui ne veulent écouter que leur idiote passion et l'intérêt exclusif de leur parti.—La république des lettres est aussi réprouvée par la république politique, dont les principaux organes, à l'occasion de deux élections simultanées, sont devenus rouges d'indignation ; et le *Rappel* ne parle de rien moins que de *balayer* l'Académie. C'est le comble de la bêtise, n'est-il pas vrai ?

Lorsqu'on en est arrivé là, on doit s'attendre à ce qu'une réaction de la conscience publique indignée éclate bientôt, pour venger la dignité et la morale des atteintes qui leur sont portées.

Les hommes qui nous dominent, dont l'unique but est de pervertir l'esprit et le cœur, afin de les asservir aux plus mauvaises passions, ont conçu et veulent mettre à exécution un plan consistant à détruire chez les Français tout sentiment religieux. Ils ont obtenu un conseil supérieur de l'instruction publique composé selon leurs idées de sectaires; ils veulent établir partout une instruction exclusivement laïque. Déjà ils ont privé les militaires de leurs aumôniers, enlevé des prêtres aux malades des hôpitaux. Bientôt, ils voudront absorber toute la jeunesse dans leurs écoles d'athéisme, en refusant aux pères de famille le droit de faire élever leurs enfants selon les traditions qu'ils tiennent de leurs aïeux.

Et cela au nom de la *liberté de conscience !*

Ou bien, afin de laisser les enfants dans l'ignorance des vertus chrétiennes, et de leur conserver, pour l'âge de raison, la liberté de choisir une religion quelconque, ou de s'en passer, à leur guise.

C'est tout simplement odieux !

C'est ce qu'on n'a jamais vu dans les temps anciens; c'est ce qui ne se voit nulle part à notre époque.

C'est vouloir faire de tous les enfants des *athées !*

On sait que tous les auteurs anciens et modernes condamnent une aussi affligeante doctrine, dont les résultats seraient la démoralisation de l'homme et la désorganisation sociale.

Washington disait aux magistrats de son pays : « Ne permettez jamais que l'éducation soit séparée de la religion. »

M. Pelletan disait au Sénat, le 24 février 1880 : « *L'homme est un être essentiellement religieux ; c'est l'idée religieuse qui lui apprend la loi du travail et la loi de l'épargne.* »

C'est la doctrine des protestants, des juifs, des musulmans, etc.

L'athéisme doit donc être proscrit sans réserve, sans exception ; et on ne doit l'introduire subrepticement sous aucune forme dans les écoles.

On refuse aux prêtres le droit d'enseigner? Mais ils tiennent ce droit directement de Dieu.

En effet, l'instruction est d'origine divine.

Dieu a dicté à Moïse, sur la montagne de Sinaï, dix commandements. Ces dix commandements proclament à la fois, et le dogme de l'unité de Dieu, et la morale universelle ; ils furent gravés de la main de Dieu sur deux tables de pierre qui étaient son ouvrage. Sur la première, étaient inscrits les trois premiers préceptes, qui regardent Dieu ; sur la seconde, les sept autres, qui règlent les rapports de l'homme avec le prochain et ses devoirs avec lui-même.

Plus tard, Dieu a fait d'autres lois qui, pour la plupart, ne sont qu'une explication des dix commandements.

La législation divine était expliquée au peuple par les prophètes, par les docteurs de la loi ; et, telle était sa perfection, qu'elle suffisait pour maintenir l'ordre et la paix publique. Ah ! si elle était encore observée, elle dispenserait les nations de faire tant de lois pour se protéger. C'était donc aux ecclésiastiques de ce temps qu'était réservé le droit d'enseigner, et la Bible contient, sous toutes les formes, les préceptes propres à inspirer la sagesse à l'homme.

Il y avait en outre un livre appelé *Talmud*, qui renferme la loi orale, la doctrine et les traditions des Juifs, et dont l'objet était de créer et de régir les écoles destinées à l'enfance. Il y avait des écoles publiques entretenues par les communes, mais avec la permission d'ouvrir des écoles libres et de faire concurrence aux écoles publiques ; aux classes enfantines de jour, succédaient le soir des cours d'adultes. Il y avait aussi, le jour du sabbat et les jours de fêtes, des réunions studieuses que l'on peut comparer à nos conférences.

Puis est arrrivé Jésus-Christ, législateur, médiateur entre Dieu et les hommes, chef et libérateur de son peuple, dont la mission, annoncée par Dieu à Moïse, était de faire revivre la religion dans toute sa pureté, altérée, matérialisée qu'elle était par les Sadducceens, chefs du sacerdoce, afin d'en faire sortir, de sa racine desséchée, une loi plus parfaite, puisque la vertu de la première était épuisée (*Lamennais*, page 58), parce que, dit ailleurs cet auteur, *on ne fait rien sans la foi. et que le doute tue l'homme, aussi bien qu'il tue les peuples.*

Or, on sait que Jésus a dit à ses apôtres : « *Allez , enseignez toutes les nations.* »

Les Evangélistes ont rapporté les paroles du rédempteur. Les Epitres des apôtres les ont interprétées.

En Asie, le Coran de Mahomet, qui n'est que l'évangile délayé, mais approprié aux mœurs de ces pays, est une loi inviolable.

Donc, la législation religieuse, la plus ancienne qui fût, s'impose à l'homme en quelque pays qu'il habite, et, par cela même, elle prime toutes les autres législations. « Jésus (dit Lamennais, p. 88) n'est pas venu pour expliquer les mystères du souverain Être, ni les secrets de la création ; il n'est pas venu enseigner la science qui se développe incessamment et se développera sans fin par le travail naturel et continu de l'intelligence humaine, *unie à Dieu, source de toute lumière :* il est venu enseigner la loi de vie, qui n'est que la loi de l'amour, et donner l'exemple de son parfait accomplissement. »

D'où il faut conclure que l'instruction religieuse est tout à la fois un droit primordial et une force sociale. Et c'est à la faveur des mots révolutionnaires : *libre pensée, liberté de conscience,* qu'on veut la proscrire! Quand des sectaires sont arrivés à cet état d'aberration, on peut prédire la fin de leur règne.

Mais, dit-on hypocritement, on ne veut que séparer l'instruction civile de l'instruction religieuse : la première sera obligatoire; l'autre facultative.

Pourquoi? Parce que l'Etat doit être ATHÉE, en ce sens qu'il ne reconnaîtra aucune religion, et laissera la liberté de déserter les principes de la morale évangélique, voire même de la morale biblique?

Quoi donc enseignerez-vous? La philosophie humaine? Mais mettez donc d'accord tous vos philosophes, avant d'y chercher des modèles complets, indiscutables. Faites une philosophie unique, que chaque enfant puisse étudier et se l'approprier comme règle de conduite. Faites surtout que vos professeurs, s'ils sont athées, n'y ajoutent pas du leur dans les leçons orales qu'ils donnent aux jeunes gens. Sinon l'instruction aura des suites désastreuses pour la société.

Jean-Jacques Rousseau vous a dit ce qu'il pensait de la philosophie, qu'il place au-dessous de la morale religieuse.

Et Volney, qui était loin d'être un dévot, n'était pas non plus enthousiasmé de la philosophie; il a dit : « *L'histoire des savants et des philosophes est un tissu de contradictions singulières.* » — Il ajoute : « La dévotion est un état très doux; mais il faut des dispositions pour le goûter. Pour moi, j'aimerais encore mieux être dévot que philosophe; mais je m'en tiens à croire en Dieu, et à trouver dans l'espoir d'une autre vie ma seule consolation dans celle-ci. »

Lactance a écrit : « Toutes les spéculations de la philosophie, quelque source abondante de science et de vertu qu'elles renferment, quand on les compare aux actions, aux œuvres effectives des hommes d'Etat, font craindre qu'elles n'aient offert moins d'avantages réels au progrès humain, qu'une distraction aux loisirs de ces philosophes. »

Donc il faut nécessairement conclure que la *philosophie divine* est antérieure et supérieure à toutes les *philosophies humaines*, parce que la première vient de la sagesse incréée, invariable, immuable, et qu'elle est en parfaite harmonie avec la nature et les besoins de l'homme, tandis que les autres sont le fruit d'esprits plus ou moins éclairés, mais sujets à l'erreur, à cause de la faiblesse de nos conceptions. Plusieurs même sont fausses, parce qu'elles se sont éloignées de la source des vérités éternelles.

Mais on répond que certains prêtres, dans leurs colléges, enseignent des doctrines qui ont une tendance à détruire les conditions vitales des gouvernements modernes.

Je ne le crois pas, et, jusqu'à présent, la preuve n'en a pas été faite. Si cela est, il faut aviser, et empêcher que de funestes doctrines ne soient professées à l'encontre de la société. La surveillance de l'Etat ne doit pas faire défaut. Sous aucune forme, sous aucun prétexte on ne doit tourner l'esprit de l'enfant vers les spéculations de la politique : ce n'est pas de son âge.

Comment se fait-il que les Jésuites, si dangereux en France, ne soient pas dangereux dans deux pays de grande liberté, en Amérique et en Angleterre ? Dans ce dernier pays, ces religieux ont douze colléges et une Université catholique. Ce fait est un démenti donné aux allégations intéressées et de mauvaise foi de leurs accusateurs.

Veut-on dire que ces religieux n'éprouvent aucune sympathie pour le régime des ambitieux parvenus ? En cela, ils ont de nombreux imitateurs. Pourquoi voudrait-on qu'ils acceptassent les idées subversives de toute religion, de toute morale ?

Au lieu de les blâmer et de les persécuter, on ferait mieux de sévir contre les révolutionnaires éhontés dont les écrits immondes soulèvent l'indignation des honnêtes gens. Parmi les hommes qui occupent de hautes positions, ne compte t-on pas des gens qui ont juré la destruction des trônes ? N'entend-on pas tous les jours proférer les plus violentes attaques contre les bases fondamentales de la société? Et, dernièrement, le *Père Duchêne* ne renfermait-il pas un article menaçant contre les pouvoirs établis, se terminant par ces mots : « Tous les républicains révolutionnaires sont solidaires sur la surface du globe. Vive la République sociale ! »

Ces gens-là ne paraissent pas dangereux ! leurs excitations n'effraient pas ! Le gouvernement est-il donc si fort, ainsi que le disent les ministres dans le but de rassurer le pays, pour pouvoir lutter encore longtemps contre les ennemis acharnés à sa perte? Et quelle force a-t-il donc ce gouvernement, qui n'a voulu accorder l'amnistie qu'aux plus coupables et l'a refusée à trois cents autres qui n'ont commis que des délits de presse? Une amnistie doit être générale ou ne pas être. L'Empire le comprenait ainsi, lorsqu'il ramenait sur le sol de la patrie ceux-là même qui, dans leurs écrits furibonds, provoquaient à l'assassinat de l'empereur. Mais le gouvernement s'est défendu d'un pareil acte de clémence, en disant que l'amnistie ne serait possible que le jour où la France *sera tranquille, apaisée et prospère.* Quel aveu !

Mais la politique républicaine est une boîte à surprises ; à l'instar de la *boîte de Pandore,* quand elle s'ouvre, elle déverse tous les maux. Ce qui, d'après le ministère, était dangereux, il y a quatre mois, est aujourd'hui équitable, praticable, parce que les rouges viennent d'obtenir des succès dans les dernières élections ! « Marchandeurs, rogneurs d'amnistie, dit le journal la *Justice,* ayez donc une fois le courage de savoir ce que vous voulez. Jamais ministère n'a donné un aussi piteux spectacle. »

Un autre journal ajoute : « Ce n'est pas merveille si l'opportunisme, qui n'est qu'une caricature de gouvernement, fait descendre la politique au niveau de ces théâtres d'enfants, où le commissaire est rossé par Polichinelle. »

En effet, une amnistie complémentaire, tardive, arrachée par des menaces, ne peut pas amener le repentir : les premiers *arrivés* le verront bien.

Les projets des révolutionnaires touchant l'instruction, ont échoué devant la haute sagesse du Sénat, qui, respectant la liberté honnête et loyale, n'a pas voulu qu'on assimilât des Français, prêtres et congréganistes, ni condamnés, ni jugés, ni poursuivis, à des individus frappés de certaines condamnations, et qui, d'après les lois des 15 mars 1850 et 12 juillet 1875, sont déclarés indignes d'enseigner.—Le gouvernement en est pour ses frais d'imagination et d'animosité inique contre les catholiques.

Autre chose, le gouvernement, poussé par les ennemis de toute morale, comme de toute justice, commence une persécution, inique, odieuse (prélude de bien mauvais jours !) et que les Anglais n'ont pas hésité à condamner. L'un de leurs principaux organes, le *Standard*, dit :

« Le gouvernement doit aujourd'hui se rendre compte, à moins qu'il ne soit affligé d'une dose extraordinaire d'infatuation, que les décrets du 29 mars étaient une bêtise, et que leur mise à exécution *manu militari* est le coup le plus rude qui ait encore été porté aux institutions républicaines. Et c'est même plus qu'une bêtise de la part du gouvernement que d'avoir rendu possible le cri de : *Vivent les Jésuites !* à Paris.

»Dans la foule qui s'était amassée autour du couvent de la rue de Sèvres, nombre de personnes n'étaient certainement rien moins qu'en faveur de l'ordre de Loyola ; mais cette expulsion en masse, simplement par voie administrative, de citoyens français, qui n'ont commis aucun crime, qui sont privés de leurs droits politiques non en vertu d'une loi, mais par un simple décret administratif, frappe même beaucoup de républicains comme étant de la dernière inconséquence de la part d'un gouvernement dont la *raison d'être* est la liberté, et qui, au lieu d'apaiser, provoque tous les souvenirs irritants : amnistie, d'une main, la Commune ; tandis que, de l'autre, il expulse du pays, des congrégations dont la seule offense est de se sentir incapables d'adorer la République selon M. Gambetta. »

France, tu n'es plus un pays de liberté ! tu n'es même

pas un pays civilisé ! Le droit, la justice, la liberté, l'humanité même doivent disparaître de tes mœurs !

Est-ce à dire que l'Etat doit se désintéresser des principes qui protégent la société contre des entreprises téméraires, imprudentes, venant des membres du clergé ? Nullement.—Saint Louis a fait la *Pragmatique-Sanction* qui fixe les limites de la puissance temporelle et de la puissance spirituelle, et qui assure à l'Eglise ses droits, ses libertés, ses franchises, ses immunités, ses priviléges, mais qui lui interdit la simonie et l'affranchit de la suprématie absolue de la cour de Rome.

Puis, est survenue la célèbre Déclaration du clergé de France, en 1682, qui a fondé l'Eglise gallicane, d'après laquelle les évêques nationaux ont défini les pouvoirs du souverain temporel et ceux du Pontife et des conciles.

Enfin, une loi du 18 germinal an 10, intitulée : *Articles organiques*, et destinée à réglementer les droits et pouvoirs des évêques et les droits des citoyens, maintient les droits de l'Etat, conformément à la déclaration épiscopale sus-rappelée.—C'est ce que Portalis a nettement expliqué en ces termes : « C'est par l'autorité ecclésiastique, dit-il, qu'un ordre religieux existe dans l'église ; mais c'est par la puissance temporelle qu'il existe dans l'Etat. »

En sorte que l'Etat, sans s'occuper des sentiments religieux, doit avoir en vue de sauvegarder les intérêts de la société contre n'importe quels empiétements ; d'où naît l'indépendance réciproque de l'Eglise et de l'Etat, chacun dans la sphère de ses fonctions : Donc, ni oppression ou tyrannie chez le gouvernement ; ni désobéissance ou révolte contre les lois du pays chez les ecclésiastiques. Aller au-delà, ce serait de l'aveuglement.

La magistrature est l'objet de la haine et de la convoitise des républicains : de leur *haine*, parce qu'elle a souvent frappé plusieurs d'entre eux, aussi bien pour des actes révolutionnaires que pour des fraudes électorales, et que les hommes de ce parti ne veulent mettre aucun frein à leurs violences, persuadés qu'ils sont que l'insurrection est le plus saint des devoirs ; — de leur *convoitise*, parce qu'ils sont *quarante mille* à caser, et qu'il leur faut les places de toutes les administrations. Et c'est pour arriver à leurs fins qu'ils exigent l'abolition de l'inamovibilité des juges.

Déjà ils ont, en abusant de leur droit, désorganisé les parquets, sans respect pour le talent, pour les services, pour la probité professionnelle. Ils croient avoir des esclaves à discrétion, soumis à leur surveillance et devant subir leurs ordres. Je ne puis penser qu'il se trouve des hommes assez dociles, assez peu soucieux de leur dignité pour se soumettre à une pareille servitude.

Mais il est des magistrats qui doivent être soustraits à toute espèce d'influence, soit du gouvernement, soit des particuliers : ce sont les JUGES. Leur indépendance et leur impartialité ne doivent faire doute pour personne. C'est à cette condition qu'ils acquièrent la considération et le respect des justiciables.

Jusqu'à présent, il en a toujours été ainsi. Toujours !

Invoquera-t-on leur insuffisance comme talent, comme dévouement ? Ce serait les calomnier. En tout cas, si on les remplaçait, leurs successeurs vaudraient moins qu'eux.

L'inamovibilité est la principale garantie qu'aient les citoyens contre les hommes de tous les partis et à toutes les époques. C'est elle qui fait la force de l'institution, donne aux juges une conscience libre, sereine, et éloigne de leur esprit toute pensée indigne de leur grande mission.

Peut-on justifier une mesure aussi injuste que la suppression de l'inamovibilité par des exemples ayant une apparence de raison , d'analogie même avec le temps présent ? Non. — Le gouvernement ne doit toucher à l'inamovibilité qu'avec le secret dessein d'avilir la magistrature, alors surtout que les deux tiers des juges ont été nommés par lui.

Et le gouvernement ne craint-il pas, en dégoûtant les honnêtes gens d'un service déshonorant, de justifier, pour l'avenir, cette apostrophe que M. Granier de Cassagnac lançait prématurément à M. Floquet, à la séance du

3 juillet : « Votre magistrature, à vous, n'est ni assise, ni debout ; elle est couchée ! »

On veut une justice républicaine ? Est-ce que les républicains ont découvert une autre justice que la justice connue de tous ? C'est-à-dire la vertu morale qui fait rendre à chacun ce qui lui appartient, l'équité, la droiture ? Non.

Est-ce qu'ils trouvent la magistrature mauvaise, partiale, vénale, souillée ? Nullement. Aucun magistrat, agissant dans l'exercice de ses fonctions, n'a encore été dénoncé à la cour suprême pour y recevoir la peine due à ses mauvaises actions.

Espérons que le Sénat, encore bien inspiré, rejettera un projet de loi qui est attentatoire à l'indépendance, à la dignité du juge, et un outrage à l'honnêteté du pays.

Un député *de la gauche* a trouvé dans son cerveau une idée qu'il a soumise à ses collègues. C'était d'abolir une loi de 1814, qui ordonne la suspension du travail le dimanche. Le coup a porté. Cette loi était tombée en désuétude, et nul ne s'en plaignait. Mais il importait de ne pas laisser subsister dans notre immense collection de lois, ce vestige de religion inoffensif, incompatible avec les idées modernes. Aussi les gauches se sont-elles empressées d'applaudir à la proposition. C'était jouer un bon tour au catholicisme ! — Le Sénat s'est associé aux libres-penseurs.

Ceci ne doit point étonner, parce que, ainsi que le fait remarquer Montesquieu, un peuple connaît, aime et défend toujours plus ses mœurs que ses lois.

Mais la loi est-elle donc mauvaise, inutile, nuisible, non pas au point de vue religieux, mais au point de vue de la santé de l'homme ? Et ne se justifie-t-elle pas par des exemples tirés de notre première République ? — Voyons.

Dieu, au troisième de ses commandements, a dit : « Souvenez-vous de sanctifier le jour du Sabbat. Vous travaillerez durant six jours, et vous ferez tout ce que vous aurez à faire. Mais le septième est le jour du repos du Seigneur votre Dieu..... Car le Seigneur a fait en six jours le ciel, la terre et la mer, et tout ce qui y est renfermé ; et il s'est reposé le septième jour ; c'est pour cela qu'il a béni et sanctifié le jour du Sabbat. »

Cet ordre divin est obligatoire pour tout homme raisonnable, qu'il soit religieux ou qu'il ne le soit pas. Il est considéré et observé comme tel particuliérement et ABSOLUMENT en Angleterre, pays de grande liberté (1) ; — de même qu'aux États-Unis d'Amérique, en Espagne, en Italie. Cela devrait suffire pour reconnaître qu'il est essentiellement salutaire à l'homme : d'abord, parce que le Créateur doit être obéi, et que la révolte attire à son auteur un châtiment, même en cette vie ; — ensuite, parce que cet ordre a pour but la conservation des forces physiques de l'homme, de sa santé, et la prolongation de sa vie. Enfin, il est reconnu et démontré que l'homme ne peut pas travailler pendant plus de six jours sans que sa santé en souffre, et que, faute de repos le septième jour, il verra ses forces décliner.

Les républicains de la première Révolution ont voulu modifier cette méthode en créant les *décades*, c'est-à-dire obliger les hommes à travailler neuf jours consécutifs et à ne se reposer que le dixième jour. Mais les commissaires des départements ont informé le gouvernement, du mauvais effet que produisait cette mesure, en lui disant : « Nos bœufs (en parlant du peuple) ne veulent plus travailler neuf jours sans se reposer. Alors, on a créé le *quintidi* (5e jour) ; puis on a repris l'usage du dimanche, et on eut ainsi trois jours de repos par décade ! Tout cela pour le plaisir de changer. On sait que c'est la manie des révolutionnaires.

S'il est vrai que le repos du septième jour soit absolument nécessaire à l'homme, les républicains, qui se disent si humains, si philanthropes, si amis du peuple, devraient le prescrire en termes rigoureux. En le faisant,

______

(1) A Reims, un Anglais protestant, se conforme à la loi de son pays, en fermant son établissement le Dimanche.

ils seraient d'accord non-seulement avec la sagesse divine, ce qui leur importe peu, sans doute, mais encore avec ceux qui ont fondé la première République. En effet, leurs aïeux ont imposé des amendes et même la prison contre ceux qui ne respectaient pas les *fêtes ou jours décadaires*.

Est-ce qu'aujourd'hui les républicains ne devraient pas avoir quelque pitié des ouvriers, qui sont leur marche-pied pour arriver aux honneurs ? Est-ce qu'ils ne pourraient pas leur procurer quelque soulagement après six jours d'un labeur épuisant ? Ce serait un bienfait qui consolerait ces ouvriers, si dignes d'intérêt, des déceptions auxquelles les exposent l'ambition égoïste de gens qui n'ont rien à leur offrir de mieux.

On invoque la liberté absolue de l'homme, à propos d'une telle mesure ? Mais, d'abord, je dirai aux républicains ambitieux qu'il ne leur est plus permis de parler de la liberté ; car, depuis la fondation de la troisième République, ils la méconnaissent et la foulent aux pieds. Ensuite, je leur dirai que la liberté entière et complète n'existe pas, et ne peut exister, soit pour les droits politiques, soit pour les droits privés. En effet, les lois ont subordonné l'exercice du droit des citoyens et de ceux qui aspirent aux charges publiques, à des conditions d'âge et de moralité ;—et limité, dans des cas très nombreux, la liberté de l'homme, soit vis-à-vis de la société, afin qu'il ne puisse pas lui nuire, soit pour sa personne, afin qu'il n'abuse ni de ses forces, ni de ses facultés morales. Aussi, l'homme doit-il subir, en politique comme pour ses actions privées, une diminution dans ses droits, lorsque l'intérêt social ou privé l'exige.

Or, quel intérêt est plus important pour une société que la conservation des forces physiques et morales de l'homme ? Qui pourrait hésiter à empêcher leur affaiblissement par les excès auxquels il peut se livrer ? Ne sait-on pas que, maintenant, la nature nous refuse un corps au-dessous de la moyenne des temps passés, et que successivement le gouvernement est obligé d'abaisser le minimum de la taille des jeunes gens appelés au service militaire ? Et la décroissance date de loin, si on en croit Juvénal : « Les bras de notre siècle, dit-il, sont autres que ceux des héros antiques. Déjà la race humaine, au temps d'Homère, dégénérait; maintenant la terre ne donne que des hommes méchants et lâches, si bien qu'un Dieu voyant ces combats, doit rire de pitié et nous tenir en exécration. »

Donc, il faudrait promptement aviser. Mais on peut être certain que les républicains n'en feront rien ; ils auraient peur que le peuple ne profitât de sa liberté pour aller à l'Eglise ! Quelle horreur ! mieux vaut, disent-ils, lui retirer toute croyance religieuse; il ne nous obéira que mieux. Ecoutez, gens athées, ce que Jean-Jacques Rousseau écrivait à votre adresse :

« L'athéisme est un fanatisme éphémère, ouvrage de la
» mode, et qui se détruira par elle ; et l'on voit par
» l'emportement avec lequel le peuple s'y livre, que ce
» n'est qu'une mutinerie contre sa conscience dont il
» sent le murmure avec dépit. Cette commode philosophie
» des heureux et des riches qui font leur paradis en ce
» monde, ne saurait être longtemps celle de la multitude
» victime de leurs passions, et qui, faute de bonheur
» en cette vie, a besoin d'y trouver au moins l'espérance
» et les consolations que cette barbare doctrine leur ôte.
» Des hommes nourris dès l'enfance dans une intolérante
» impiété poussée jusqu'au fanatisme, dans un libertinage
» sans crainte et sans honte ; une jeunesse sans disci-
» pline, des femmes sans mœurs, des peuples sans foi,
» sans supérieur qu'ils craignent, et délivrés de toute
» espèce de frein ; tous les devoirs de la conscience
» anéantis, l'amour de la patrie éteint ; enfin nul autre
» lien social que la force ; on peut prévoir aisément ce
» qui doit bientôt résulter de tout cela. »

A Rome, enfin, où il existait une religion d'Etat, il y avait les jours néfastes, pendant lesquels il était défendu de vaquer aux affaires publiques.

Par conséquent, les législateurs dignes de ce nom ont,

en tout pays, vénéré l'ordre de Dieu, et allégé le poids du labeur, dans le double but de satisfaire la divinité, et de maintenir l'homme dans des conditions hygiéniques propres à sa constitution.

Mais, disent les athées, l'Eglise a trop de fêtes dans la semaine? Cela n'est pas vrai : elle n'a que *quatre fêtes mobiles,* dont deux ou trois peuvent tomber le dimanche. Mais les républicains d'autrefois désavoueraient ceux d'à présent. En effet, un décret de la Convention, du 18 floréal an II (7 mai 1794) dispose : « qu'il sera institué des fêtes pour rappeler l'homme à *la pensée de la divinité et à la dignité de son être* (art. 4). »—Et la même Convention créa **40** *fêtes,* sous divers titres, dont une à l'AMOUR! (art. 6 et 7). — Nous sommes menacés, à Reims, de voir renaître ces beaux jours-là. M. le maire, ses adjoints et les conseillers municipaux, accompagnés des fonctionnaires et employés municipaux, n'ont-ils pas inauguré les bals de barrière, sous le futile prétexte de constater l'ouverture de notre dernier boulevard, dont le projet vient de leurs devanciers?—Heureux électeurs du parti dominant, demandez et vous recevrez!...

Déjà, quelques-uns d'entre vous ont obtenu du maire, la suppression des processions, et le clergé ne peut même plus aller faire la bénédiction des tombes le jour des Morts! Triste! triste! surtout quand on sait, comme l'a rappelé un journal (le *Français*), que sous la première République, à la veille de la proscription des Girondins et de l'établissement de la Terreur, en 93, les paroisses de Paris faisaient dans les rues, leur grande procession annuelle, à laquelle assistaient les *épouses des sans-culottes,* qui se prosternaient à genoux, et sans que personne l'ait désapprouvée. Aujourd'hui, c'est la décadence de par l'autorité municipale !

Les républicains ont parfois crié contre des prêtres de la campagne, qui avaient omis à la messe du dimanche, de faire la prière pour le salut de la République. Mais, chose singulière, lorsque, à la rentrée des Chambres, on dit une messe solennelle dans nos cathédrales, pour at-

tirer les bénédictions du ciel sur leurs travaux, les républicains se font remarquer par leur absence !

Malgré tout ce qu'ils font de mal, les républicains dont
nous subissons le joug, osent encore protester contre le
reproche qu'on leur adresse de persécuter la religion catholique ? Est-ce de la bonne foi ? Non. On veut retirer
aux prêtres le droit d'enseigner ; on les chasse de l'armée (1), des hôpitaux, de la commission des bureaux de
bienfaisance. On réduit le traitement des évêques, afin
qu'ils ne puissent plus faire autant de bien. On expulse
les Frères de la doctrine chrétienne, pour les remplacer
par des instituteurs laïques. On ne veut plus admettre de
catholiques dans les fonctions publiques. On interdit les
processions, même celles qui ont pour but d'honorer les
morts. On laisse insulter et calomnier la religion et ses
ministres. On menace les catholiques de mesures rigou-
reuses pour la manifestation de leurs croyances. Les
poursuites les plus injustes et les plus violentes forment
une persécution générale non dissimulée. Les catholiques
se trouvent placés dans une situation pire que celle que
leur assuraient le décret du 8-21 décembre 1793, art. 1er,
qui défendait toutes violences et mesures contre la liberté
des cultes ; et le décret du 7 mai 1794, art. 4, qui décla-
rait maintenir la liberté des cultes, et qui prononçait des
peines contre ceux qui occasionneraient des troubles
(art. 13).

C'est là une politique inique, oppressive, hypocrite,
dont le résultat est de faire revivre les guerres de religion, en créant à plaisir des conflits de conscience, et
poussant à la lutte des partis contre les partis, des écoles
contre les écoles, des familles contre les familles. Et les
gens qui font cette politique osent s'abriter derrière l'intérêt social menacé par des prêtres et de modestes instituteurs, en évoquant des faits historiques qu'ont effacés
nos révolutions, nos institutions, nos mœurs ! Mais ils

____

(1) En France, on n'alloue, *pour l'aumônerie militaire*, que 87,000 fr.,
tandis qu'en Russie on dépense 760,000 fr.; en Prusse, 880,000 fr.; en Angleterre, 1,268,550 fr. Quelle différence ! Libres-penseurs, c'est ignoble !

manquent de bonne foi. Ils savent bien que l'Eglise n'a trempé, ni de près, ni de loin, dans les massacres de la Saint-Barthélemy, ordonnés par Charles IX, jeune homme de 20 ou 22 ans, et surtout par Catherine de Médicis, contre les seigneurs protestants, excités par Calvin, qui voulaient, à Meaux, s'emparer de la personne du roi : c'était l'un des événements de la guerre civile qui durait depuis 35 ans. — Les mêmes hommes savent également que la révocation de l'édit de Nantes est une mesure politique, personnelle à Louis XIV, aidé par Louvois, dans le but de ramener l'unité religieuse, mais à l'insu et sans l'autorisation du chef suprême de l'Eglise.

Quels seraient les conservateurs de notre époque, à quelque parti qu'ils appartinssent, qui voudraient retourner en arrière et ressusciter un régime de ce genre?—Républicains farceurs, si Michel Cervantes revenait, il ferait de vous des Don Quichotte encore plus amusants que le premier.

Hommes du peuple, trompés par les sottises et les calomnies journellement débitées contre la religion catholique et ses ministres, écoutez et méditez les paroles que M. Victor Cousin, membre de l'Institut, disait à un savant professeur de philosophie, en voyant passer un jeune vicaire :

« Mon ami, nous avons toute notre vie professé la phi-
» losophie ; nous réunissons des jeunes gens instruits et
» nous tâchons, par des arguments laborieux, de leur dé-
» montrer qu'il y a une âme. Pendant ce temps, que fait
» ce jeune prêtre et où va-t-il ? Il va réconcilier l'âme de
» deux époux, fortifier l'âme d'un vieillard qui va mourir,
» combattre le vice dans l'âme d'un méchant, la tenta-
» tion dans l'âme d'une jeune fille, le désespoir dans l'âme
» d'un malheureux, éclairer l'âme d'un enfant. Et nous
» voudrions jeter ces gens-là à l'eau ! Il vaudrait mieux
» qu'on nous y précipitât nous-mêmes avec une pierre au
» cou. Ayons l'honnêteté de reconnaître ce qu'ils font
» pour les âmes, pendant que nous tentons de reconnaî-
» tre qu'elles existent. »

Abordons, maintenant, la manifestation des opinions politiques, par la voie des élections parlementaires, là où l'abus, en bas et en haut, a été poussé jusqu'au plus révoltant cynisme.

Il est à peu près certain que, *partout,* les républicains n'ont pas obtenu les suffrages de la *moitié des électeurs inscrits ;* bien plus, si on supputait toutes les voix qu'ils ont obtenues, et si on les comparait au chiffre des populations où ils ont été élus, ils ne représenteraient pas le *tiers* des électeurs. Et ils osent se prétendre les organes du pays ! non. Légalement, ils sont des législateurs ; mais, en réalité, ils ne représentent que les opinions de ceux qui les ont nommés. Cela ne s'est jamais vu sous les précédents gouvernements.—Et ce qu'il y a de remarquable, c'est qu'à chaque élection nouvelle, les républicains perdent des voix. On a vu, même à Paris, des élections où ne concourait qu'un quart des électeurs ! Quelle leçon ! Malgré cela, les républicains, à l'instar des saltimbanques, battent la grosse caisse.

Les républicains ont beaucoup crié contre la candidature officielle. Mais ils l'ont remplacée par quelque chose de bien plus mauvais. En général, l'homme qui agit publiquement ne trompe pas. Mais celui qui dissimule emploie des moyens frauduleux et honteux.

Lorsque la candidature officielle existait, le gouvernement ne se vengeait pas sur ses fonctionnaires, au cas d'insuccès, et il n'accordait aucune récompense si l'élection répondait à ses prévisions. Mais les républicains se vengent de leurs défaites, soit en frappant les fonctionnaires, soit en privant des ressources budgétaires les communes hostiles à leur politique. Partout, les chefs de l'administration et ses agents se mettent en campagne ou reçoivent chez eux, pour solliciter des suffrages ; des agents subalternes sont recrutés dans les campagnes parmi les plus exaltés, pour intimider et menacer les électeurs qui voudraient voter pour un autre que leur patron : quelques-uns vont même jusqu'à proférer des menaces de mort ; les libations sont un moyen de séduction. Les candidats, comme des histrions, parcourent les localités pour montrer leur éloquence et faire des promesses d'une puérilité, d'une pauvreté à faire douter de leur honnêteté ; mais il ne faut en accuser que leur conscience incertaine, que leurs opinions variables, capricieuses, comme l'intérêt qui les leur suggère. Cependant, rien ne devrait plus être sauvegardé de la corruption, dans l'intérêt de la société, que les suffrages des citoyens. Si cela devait continuer ainsi, nous tomberions dans cet état d'anarchie qui existait à Rome, sous la République, où les suffrages s'achetaient sans honte, et où l'assemblée était souillée de meurtres. « Tout ce qu'il y avait de gens raisonnables, dit Plutarque, auraient regardé comme un grand bonheur que cet état si violent de démence et d'agitation n'amenât pas un plus grand mal que la monarchie. Plusieurs même osaient dire ouvertement que la puissance d'un seul était l'unique remède aux maux de la République. » — Que de gens, dans notre France, qui pensent cela !!

Que peut-on espérer de ces élections, dont les scandales affligent les honnêtes gens ? Rien de bon : des choix faits sans intelligence ; de petits esprits surpris d'être trouvés dignes des plus hautes fonctions. Cela fait un joli Parlement ! Ses excentricités font la risée et la honte du pays raisonnable. Les députés (de la gauche) nous font des lois selon leurs mœurs et leur niveau intellectuel. Tout est contradiction, incohérence et confusion. M. Em. de Girardin réduit à néant les travaux de ses collègues. « Lorsqu'en 1881, dit-il, nos électeurs, justement mécontents, nous demanderont compte des cinq années d'exercice de notre mandat, lorsqu'ils nous demanderont par quelles lois nous avons mis désormais à l'abri de l'arbitraire la liberté de croyance, la liberté de la presse, la liberté de réunion, la liberté d'association, que leur répondrons nous ? » D'autres journaux républicains, ni officieux, ni opportunistes, reprochent à la Chambre son goût excessif de la villégiature et du *farniente*. Il en est qui poussent l'irrévérence jusqu'à la traiter de « cancre parlementaire. »

A Reims, la comédie républicaine n'a pas encore dessillé tous les yeux, ouvert toutes les intelligences. Les principaux hommes du parti forment un clan, une Eglise fermée aux profanes, et dont le despotisme s'impose aux initiés sous peine de mort politique : c'est le conseil des Dix renouvelé.

Lors des élections municipales, ils ont lancé l'ostracisme contre des hommes d'une grande valeur, d'une grande expérience, dont la supériorité leur faisait ombrage. M. Rome père et M. H. Paris, entre autres, ont été exclus. Ça été une injustice, conduisant à d'autres injustices ! Mais sachez-le, Messieurs, la place de M. Paris, dans le sein du conseil municipal, restera vide jusqu'au jour où le peuple désabusé lui rendra sa confiance. J'en dirais autant de M. Rome, si une mort prématurée ne l'eut enlevé à l'affection de ses nombreux amis. La mémoire de cet homme de bien doit être honorée par l'inscription de son nom dans l'une des rues de la ville.

Le parlement municipal a voulu, lui aussi, faire sa petite révolution ; la tranquillité qui régnait dans la ville lui déplaisait. L'un de ses membres lui a rappelé son programme, et en a exigé l'exécution sans délai : c'était raide, mais c'est dans les mœurs du jour. En conséquence, le conseil municipal a, le 6 octobre 1879, supprimé une institution de deux siècles là où elle a pris naissance ; ni le souvenir de ses services, ni la reconnaissance qui leur était acquise, n'ont pu empêcher les républicains de commettre une mauvaise action. Au mois d'août prochain, l'enseignement sera retiré aux Frères des écoles chrétiennes, et des hommes, tous Français, vivant dans l'humilité, éloignés du monde, mourant inconnus de lui, après avoir épuisé leur zèle, leur dévouement pour les enfants des pauvres, seront des parias dans leur propre pays, alors que les membres de la même compagnie sont laissés tranquilles dans toutes les autres parties de l'Univers ! Ah ! c'est là un des signes du temps ; une triste page dans l'histoire de la ville de Reims, et, comme l'a dit M. Paris, une honte que rien ne peut faire excuser, d'autant plus que les sympathies de la plus grande partie de la population sont acquises aux Frères.

Quels faits, quels motifs allègue-t-on pour justifier cette mesure? Aucun ! aucun ! mais des prétextes, tant qu'on en voudra. Jamais, on n'a vu un acte d'accusation aussi faible, aussi incolore, aussi ridicule !—Que dit-on ? tantôt que la direction des écoles congréganistes est hostile à l'esprit moderne et à la République ;—tantôt que le caractère laïque s'accorde *seul* avec *l'esprit de nos institutions* et les *tendances* de la société moderne ;—qu'en un mot, l'institution des Frères est une puissance occulte, hostile à la République, et est le centre d'un travail obscur, souterrain d'une sape cléricale, etc.

Je déclare, avec toute l'indépendance d'esprit et de caractère qu'on me connaît, que s'il m'était démontré que les écoles des Frères, même les écoles libres en formation, fussent des centres de conspiration, je n'hésiterais pas à réclamer leur suppression. Mais ce que je dis de ces écoles, je le dis aussi des écoles laïques. On ne doit ni ici ni là, faire de politique ; l'instruction primaire doit seule être donnée aux enfants, et ce qui y serait ajouté serait un abus.

D'ailleurs, l'instruction primaire est la même partout; les éléments d'instruction populaire sont réglés par l'autorité, dont la surveillance ne doit jamais être négligée. Où donc existe le danger tant redouté par les ennemis des écoles congréganistes? Nulle part, pas même dans le cerveau de ceux qui les accusent, car on ne peut pas prendre au sérieux la crainte d'une conspiration cléricale, chez les frères, avec la coopération de leurs élèves. C'est se moquer de l'esprit le plus crédule, dépourvu du plus simple bon sens. Ayez plus tôt le courage, messieurs, d'avouer, comme on dit au conseil municipal de Paris : « que vous avez le droit de veiller à ce que l'in-» struction religieuse ne vienne point corrompre l'intel-» ligence et les sentiments moraux de la jeunesse. » — Vous le pensez? dit-on. — Mais vous n'oseriez pas le dire !

On dit que l'instruction primaire doit être d'accord avec *l'esprit de nos institutions*. Quelle plaisanterie ! Ceux qui prononcent ces grands mots auraient fort à faire s'ils voulaient les expliquer. Distinguons. Nous avons une législations antérieure à la République, qui nous protége. Nous avons, en plus, la Constitution républicaine, qui a soulevé et soulève journellement des discussions interminables. Quel est son esprit? Quelles sont les personnes qu'il faut consulter ? Est-ce M. Gambetta? Est-ce M. J. Simon? Est-ce M. Clémenceau ? Qui, enfin ? qu'on le dise ! Il y a, dans cette Constitution, de l'esprit de tout l monde : une forte dose d'esprit républicain, plus opportuniste que radical, un peu d'esprit orléaniste , un tantinet d'esprit légitimiste, voire même d'esprit bonapartiste. Si je vais à la Chambre des députés , je ne connaîtrai qu'imparfaitement les *tendances* d'une majorité divisée. Au Sénat, c'est autre chose. Qui donc faut-il écouter et croire? Personne. Surtout, gardons-nous de la lecture des journaux républicains : c'est un véritable tintamarre.

Messieurs du Conseil municipal, mettez-y de la franchise (politiquement parlant, et rien du caractère privé des personnes) et dites-nous qu'étant gens d'honneur, vous tenez vos engagements. Ce serait plus digne, ce serait louable, et je ne vous en blâmerais pas. En effet, vous avez publié un programme (dont l'importance a échappé à plusieurs d'entre vous), d'après lequel vous promettiez à vos électeurs *l'instruction laïque obligatoire*. C'est un contrat dont nul signataire ne peut éluder l'exécution. Aussi n'aviez-vous pas besoin de discuter, de délibérer, de conjuguer sous toutes les formes le verbe *vouloir ;* il suffisait de voter; puisque les trois quarts des voix étaient nécessairement acquises à la proposition. En agissant comme vous avez fait, vous m'aviez l'air de vouloir enfoncer une porte ouverte; ou, ce qui est plus grave, vous tentiez de violer la foi jurée ; et, dans ce dernier cas, vous méritez, républicains opportunistes, que *certains électeurs* s'en souviennent et vous appliquent la parole d'un ancien. Un Spartiate consultait Apollon pour savoir s'il devait rendre un dépôt, ou se l'approprier par un faux serment. « *Tu seras puni pour avoir même hésité* », lui répondit la Pythonisse. C'est aussi l'une des maximes du christianisme.

Les VOYANTS de la République ont osé prédire la fermeture, dans un temps donné, des écoles chrétiennes ! Pygmées politiques, doublés d'orgueil et de haine, votre prophétie ne se réalisera pas. Mais, bien plutôt, vous et votre race disparaîtrez en ne laissant qu'une mémoire maudite ; —tandis que la plus populaire, comme la plus universelle des institutions humaines, subsistera, fleurira pour la moralisation des peuples et pour le salut des sociétés !

Un mot encore sur l'acte arbitraire et despotique du conseil municipal.

Qui croirait que nos républicains progressifs retournent en arrière de plusieurs siècles ? En effet, d'après l'édit de Nantes, *les réformés étaient tenus de payer et acquitter les dîmes, aux curés et aux autres ecclésiastiques.* C'était inique, intolérable ! Eh bien ! quand le Conseil municipal nous oblige à payer la laïcité de ses écoles, d'où il chasse les enfants auxquels les parents veulent donner une instruction religieuse, il nous fait payer la dîme à l'athéisme municipal. C'est de l'intolérance renouvelée des Grecs.

En tous cas, la haine contre l'instruction populaire des Frères, s'est manifestée trop hâtivement et d'une façon trop radicale. Elle a été condamnée implicitement à la Chambre haute, par le rejet de l'article 7, et spécialement par M. Jules Ferry, ministre de l'instruction publique. Ce fonctionnaire, dont on ne peut pas contester le zèle anticongréganiste, a dit au Sénat : « Ne croyez pas que les mesures prises par nous aient un but intéressé : nous considérons comme de la mauvaise politique de fermer les écoles congréganistes tout exprès pour y substituer des écoles laïques. »

Le ministre a raison : *En droit*, parce que le devoir du père de famille de faire élever ses enfants découle de la nature, fait partie de ses traditions de famille, et est consacré par les articles 371, 372 et 385 du code civil ; et que ce droit est reconnu en tout pays, afin que le chef de la famille ne rencontre pas chez ses enfants, d'adversaires, d'ennemis de ses principes, discutant son autorité et le respect qui lui est dû. — *En fait,* parce que la concurrence excite et entretient l'émulation entre les instituteurs, qui ont à cœur de signaler leur zèle en faisant de bons élèves. D'ailleurs, l'existence de deux écoles a encore l'avantage d'épargner à la Commune, comme aux habitants dissidents, des sacrifices pécuniaires.

La résolution du Conseil municipal est d'autant plus pitoyable, qu'outre l'injustice qu'elle consacre, elle devient un brandon de discorde entre les habitants, qu'elle divise en deux camps. C'est ce qu'on peut appeler de la mauvaise politique. Mais l'inimitié, la vengeance ne raisonnent pas. Quand elles se manifestent avec autant d'éclat, il faut dire qu'elles sortent d'intelligences mesquines, des cœurs étroits de faux libéraux, qui seraient bafoués dans les pays libres, comme l'Angleterre et les Etats-Unis d'Amérique, même en Turquie ! — En Angleterre, notamment, l'opinion générale considère que l'émulation est un stimulant salutaire pour le développement de l'activité sociale ; et ce stimulant n'est pas moins efficace dans l'enseignement que dans toute autre branche. Aussi le gouvernement respecte scrupuleusement la liberté des écoles : il accorde à celles qui se soumettent à l'inspection publique, *de larges subsides, tout en leur laissant la plus complète liberté religieuse.*

Enfin, qui croirait que du temps voisin de la Terreur, les républicains valaient mieux que ceux de notre époque ? Pourtant cela est ! En effet, le décret du 18 août 1792, portant suppression des congrégations séculières, accordait des pensions aux frères des écoles chrétiennes, graduées sur le nombre d'années consacrées à l'instruction, et pendant un certain délai, jusqu'à ce que les paiements eussent atteint le maximum de 900 livres (art. 1er, § 1er du chap. 2), ce qui équivaudrait aujourd'hui à 3,000 francs environ.—Mais le *progrès* des idées modernes ne

permet plus d'être humain ; on renvoie de bons instituteurs qui ont 15, 20, 30 ans de services, sans leur donner
un morceau de pain, tandis qu'on en accorde aux instituteurs laïques. Voilà ce que font nos édiles au nom d'une
population riche et généreuse ! honte du temps présent !

J'arrive à un autre fait non moins affligeant. Le parti
républicain a eu l'idée de jouer un bon tour à la religion
catholique, en nous donnant le spectacle des enfouisse-
ments de cadavres, au bruit de ses déclamations politiques. Une association s'est formée sous le titre de : *La
Ligue de la libre-pensée et de la liberté de conscience*, ayant
pour objet les *enterrements civils*, non-seulement pour les
associés, mais encore pour les cadavres qu'ils pourraient
arracher à leurs familles. Et si étrange que soit une pareille société, elle a obtenu le patronage de la mairie et
l'autorisation préfectorale, ce qui lui donne le caractère
d'un *établissement légal*.

Je déclare hautement que cette association est *inutile,—*
est *illégale,—*et est *immorale*. Je vais le démontrer.

Elle est *inutile* : 1° parce que chacun est libre de se
faire enterrer comme il l'entend ; 2° parce que ceux qui
ont formé cette association sont dans une position d'ai-
sance à pouvoir faire les dépenses d'un enterrement
civil ; 3° parce qu'un enterrement religieux ne coûte rien,
si on ne veut que la présence d'un prêtre ; 4° parce que
si le ministre d'une des religions reconnues refusait son
concours, le maire devrait, aux termes de l'article 19 du
décret du 23 prairial an XII, faire porter, présenter, dépo-
ser et inhumer les corps, sans frais pour les familles in-
digentes. En sorte qu'on ne voit pas le motif qui a pu
déterminer la municipalité à tolérer une pareille association, alors qu'elle n'a pour but, ni de corriger un abus,
ni de répondre à un besoin public ou privé, et n'est que
le rêve de 80 ou 90 individus.

Elle est *illégale* : 1° parce que nul Français ne peut alié-
ner sa liberté, surtout sa liberté de conscience ; ce serait
contraire à la loi, à la dignité de l'homme et aux bonnes
mœurs ; et, dès-lors, la Convention, viciée dans son essence,

ne peut obliger légalement les contractants, ni, à plus
forte raison, leurs femmes et leurs enfants, auxquels ré-
pugnerait un enfouissement contraire à leurs sentiments;
2° parce que le but que les instigateurs de cette association se sont proposé a été de faire des démonstrations politiques et anti-religieuses, soit en convoquant,
par la voie des journaux et par lettres, des gens inconnus
du défunt, pour lequel ils n'éprouvaient aucune sympathie ; soit parce que, sur la fosse, on prononçait des discours uniquement pour exalter la libre-pensée et la politique républicaine, en présence d'une foule d'invités et de
curieux, qui formaient des réunions et des rassemble-
ments, défendus notamment par la loi du 10 avril 1831.
On sait que, dans plusieurs villes importantes, l'autorité a
restreint ces illégales démonstrations, en limitant le nombre de ce genre d'invités. A Reims, on a toute liberté pour
violer la loi, et dénaturer le pieux caractère des funé-
railles.

Elle est *immorale* : 1° parce que nul homme ne doit
abdiquer sa dignité, en renonçant pour toujours à sa liberté ; 2° parce qu'il n'est pas permis de pousser le cynisme jusqu'à solliciter des familles, par séductions, ob-
sessions ou promesses d'argent, les cadavres des chrétiens qui n'ont, de leur vie, renoncé à leur foi, pour les
enfouir avec une cérémonie politique.—Deux faits graves,
publics, révoltants ont révélé la conduite des membres
de l'association, de manière à ne laisser subsister aucun
doute sur leurs desseins ; je veux parler de ce qui s'est
passé sur la paroisse Saint-Remi et sur la paroisse Saint-
Thomas, où les corps de deux chrétiens qui, loin d'avoir
renié leur foi, l'avaient manifestée en mourant, ont été
enlevés à leur famille, pour être enfouis civilement.—Les
associés de la libre-pensée et de la liberté de conscience
n'avaient pas le droit de souiller les restes mortels de
ces catholiques par un enterrement qui, à leur égard,
était grotesque. C'est odieux !

Eh bien ! l'autorité municipale a gardé le silence ! Elle
n'a ni provoqué la dissolution de l'association, ni même

infligé un blâme au représentant de cette association, qui n'a aucune raison d'être : Le ridicule l'a fait naître, le ridicule l'a tuée. L'opinion publique a été plus juste et plus sévère que la Mairie.

Il n'est pas jusqu'au changement de dénomination de la rue de la Gare, qui ne donne lieu à une critique. Pourquoi avoir donné à cette rue le nom *Thiers ?* C'est, à n'en pas douter, en haine du maréchal de Mac-Mahon, dont on a fêté la chute, car M. Thiers n'a jamais rendu de services à la ville de Reims, qu'il ne connaissait même pas, puisque, dans son *Histoire du Consulat et de l'Empire,* il a confondu la famille du maréchal Drouet avec la famille du maître de poste Drouet qui a arrêté Louis XVI près de Sainte-Menehould. Mais nos édiles ne savent pas que M. Thiers, par son coup de tête en 1840 (qui nous a brouillés avec l'Angleterre), a causé d'immenses pertes à Reims, et que les conséquences de la suspension des affaires se sont prolongées au-delà d'une année, tant pour l'industrie et le commerce, que pour les propriétés bâties dont la valeur a baissé d'un tiers.—Les républicains opportunistes rendent inconsciemment le bien pour le mal. Une fois n'est pas coutume.

On me dira, sans doute : Qui êtes-vous pour parler ainsi ? Etes-vous légitimiste ? non.—Etes-vous orléaniste ? encore moins.—Etes-vous impérialiste ? peut-être : je verrai ; j'aviserai ; mais je donnerais la préférence à une République HONNÊTEMENT LIBÉRALE, qui civiliserait le peuple, au lieu de le démoraliser, ayant pour chef un citoyen élu par la nation, et n'étant responsable qu'envers elle, avec un Parlement composé d'hommes capables et désintéressés, qui ne songeraient jamais à paralyser l'administration du pays ;—une République qui garantirait à tous les Français, indistinctement, leurs droits, leurs intérêts ;—qui saurait se faire représenter dignement près des cabinets étrangers ;—qui proscrirait rigoureusement le népotisme, les scandaleux compromis de conscience, les violences, la licence ;—qui réformerait nos mœurs électorales, si avilies, si souillées par des manœuvres et des

fraudes de tout genre ;—qui améliorerait nos lois, au lieu
de les détruire ;—qui choisirait mieux ses magistrats et
ses fonctionnaires, lesquels deviendraient, non les serviteurs d'un homme ou d'un parti, mais les serviteurs du
pays ;—qui réaliserait la devise empruntée par les républicains à l'Evangile : « Liberté, Egalité, Fraternité »,
dont ils ont toujours fait un impudent mensonge ;—qui
résolverait immédiatement et équitablement les questions
sociales, aujourd'hui palpitantes, mais dédaignées maintenant par les incapables qui les ont fait naître ;—une
République, enfin, qui fût, non le rêve et le règne d'ambitieux sans foi, sans patriotisme, mais l'expression libre
et loyale de la volonté nationale. A cette condition-là, je
me dirais républicain. Mais je crains bien, étant donnés
l'aveuglement des uns et l'indifférence des autres, que
mon désir ne puisse pas se réaliser, et qu'un jour la
France n'ait à s'appliquer ces paroles de Tacite :

« Lorsque le terme fixé par la Providence à la durée
» d'un Etat est arrivé, l'esprit de vertige se répand sur le
» peuple. Les plus dangereuses innovations s'introdui-
» sent on ne sait comment. Les sages conseils ne sont
» plus écoutés. »

A d'autres, de continuer et de compléter mon ÉTUDE :
le champ est assez vaste pour tenter une belle intelligence et un grand cœur.

CHAUVET.